AF239515

MON COQ
edition

Sabine Hahn

Die Hockey-Kids

Tolle Fahrt voraus!

Band 2

FSC

www.fsc.org

MIX

Papier aus ver-
antwortungsvollen
Quellen

Paper from
responsible sources

FSC® C105338

www.moncoq.com

Lars

- ungeduldig und stürmisch
- zuverlässig aber tollpatschig
- bester Freund von Lena & Max

Lena

- schlaues Köpfchen & kaum zu bändigen
- ansteckende Begeisterung für Hockey!
- genervt vom kleinen Bruder Frederik

Max

- genauer Beobachter, leider etwas faul
- verträumt aber schneller Läufer
- hat im Kindergarten Toiletten verwüstet

Hallenhockey

Bibliografische Information der Deutschen Nationalbibliothek:
Die Deutsche Nationalbibliothek verzeichnet diese Publikation in der
Deutschen Nationalbibliografie; detaillierte bibliografische Daten
sind im Internet über http://dnb.dnb.de abrufbar.

© 2025 MON COQ edition e.K., Frankfurt am Main
Amtsgericht Frankfurt am Main HRA 48866

Idee, Text und Illustration: Sabine Hahn, www.sabinehahn.net
Sportfachliches Lektorat: Chris Faust, www.coachchris.de
Verlag: MON COQ edition e.K., de-Neufville-Str. 40,60599
Frankfurt/Main (D), info@moncoq.com, www.moncoq.com
Druck: Libri Plureos GmbH, Friedensallee 273, 22763 Hamburg (D)
ISBN Buch: 978-3-9817970-4-6 / ISBN E-Book: 978-3-9817970-5-3
ISBN Taschenbuch: 978-3-9820484-4-4

Jede Art der Vervielfältigung und des Kopierens, auch auszugsweise,
ist untersagt und bedarf vorheriger schriftlicher Genehmigung durch
den Verlag.

Die Hockey-Kids sind überall im Buchhandel und über den Verlag
auf www.moncoq-edition.com erhältlich. Fragen zu Autorenlesungen
und Leserbriefe an: kinderbuch@sabinehahn.net

Überarbeitete Auflage 2025

Alle Rechte vorbehalten

www.sabinehahn.net
www.moncoq-edition.com
www.facebook.com/DieHockeyKids

Inhalt

Vorwort

Liebe Hockey-Kids Freunde,

Lena, Max und Lars sind voller Vorfreude, denn ihre erste Klassenfahrt steht vor der Tür und auch ihr seid bei diesem Abenteuer wieder mit dabei!

Das ist großartig!

Kinder auf der ganzen Welt haben Band 1 der Hockey-Kids-Reihe in den verschiedensten Sprachen gelesen, mit den drei Freunden Hockey entdeckt, ihnen bunte Leserbriefe geschrieben und sehnsüchtig auf Band 2 gewartet.

Hier ist er nun, der zweite Teil; vollgepackt mit einer spannenden Reise, einem echten Fiesling und vor allem natürlich mit dem tollsten Sport der Welt ... Hockey!

Steigt also schnell ein, denn jetzt heißt es …

Tolle Fahrt voraus!

Viel Spaß,

Eure Sabine & Die Hockey-Kids

Abschied mit Hindernissen

Nanu? Wo kam der denn her? Unbeschwert flattert ein Papierflieger durch die Lüfte.

Wenn Frau Otto nur wüsste, wer dahinter steckt! Ratlos sucht die Lehrerin nach dem Übeltäter. Ha! Bestimmt war es wieder dieser Lars. Das wäre ja nichts Neues! Oder war es am Ende sogar Lena, die sich einen Scherz erlaubt hat?

Irgendwo aus der hintersten Reihe war der Flieger jedenfalls hergekommen, war steil nach oben gestiegen, hatte einen wackeligen Looping gedreht, um schließlich auf ihrem frisch frisierten Haar zu landen. Und genau hier steckt er nun fest. Natürlich bleibt das Ganze nicht unbemerkt und um sie herum kichern schon die ersten Kinder. Hastig pflückt sie den Papierflieger von ihrem Kopf und faltet ihn auseinander. Huch? Die Schrift kennt sie doch?! *Di Klasenfart isst plöht!* steht dort. Das kann doch nicht sein! Lars und Lena können das jedenfalls nicht gewesen sein; die schreiben wesentlich ordentlicher. Also steckt sie das Papier erst einmal ein und zischt ein lautes

„Pssssssssssst!". Aber es nützt nichts. Aufgeregt quasseln ihre Schüler durcheinander. Und so bahnt sich Frau Otto kopfschüttelnd ihren Weg durch den schmalen Gang: „Ich muss euch erst noch durchzählen, bevor es losgehen kann!" Trotzdem wird es nur zögerlich ruhiger.

Mühsam steigt sie über vollgestopfte Rucksäcke, weicht einer umherrollenden Flasche aus, bis sie letztlich in die hinterste Reihe des Busses stolpert. So! Von hier aus müsste der Flieger doch ungefähr gekommen sein! Ein Schokoladenduft steigt in ihre Nase.

„Max! Pack sofort den Schokoriegel weg!", erwischt sie einen Schüler. Dabei wird sein Gesicht rot wie eine Tomate. Uups, im Bus darf nicht gegessen werden! Das hatte er ganz vergessen! Schnell steckt er den Rest in seine Hosentasche. Zum Glück muss seine Klassenlehrerin schon wieder weiter, denn in der vorderen Sitzreihe hat jemand eine Tüte Gummibärchen auf dem Boden verteilt.

„Wann geht`s denn endlich los?", jammert Lars, der neben Max sitzt und langsam unruhig wird. Aber Max zuckt nur mit den Schultern. Antworten kann er jetzt sowieso nicht, weil er sich gerade den restlichen Schokoriegel in den Mund stopft. Auch Lena, die neben den beiden Freunden sitzt, wundert sich, dass sie nicht schon längst losgefahren sind - auf ihre erste große Klassenfahrt! Das wird ein Spaß. Obwohl sie schon etwas traurig ist, dass sie und ihre beiden Freunde Max und Lars die Hockey AG deshalb versäumen werden.

Eine ganze Woche ohne ihren rosa Lieblingsschläger! Das wird hart ... Sie schnauft.

Von der Seite beobachtet Lars, wie Lena behutsam ein Hockey-Foto in ihre Stofftasche steckt. Auch er hat sein Erinnerungsfoto dabei, das ihn immer wieder an ihr lustiges Match denken lässt: Daran, wie es ausgerechnet der kleine Frederik geschafft hatte, zwei Tore zu schießen und natürlich an Annas Mutter, die der Nase lang hingefallen war, um den Ball noch zu erwischen.

Nachdenklich überlegt Lars, wie wohl ihr nächstes großes Spiel ausgehen wird. Ihre Trainer hatten etwas von einer anderen Schulmannschaft erzählt, gegen die sie bald antreten würden.

„Naja, so schwer wird es schon nicht werden!", denkt er. Schließlich haben sie auch schon gegen ihre riesigen Eltern gespielt und gewonnen.

Konzentriert haben Frau Otto und ihre Kollegin alle Kinder im Bus durchgezählt und sitzen schon jetzt ziemlich erschöpft auf ihren Plätzen. Für sie wird das eine eher anstrengende Woche werden!

Wohin es genau geht, hat Max leider schon wieder vergessen: „Lars, wie heißt die Stadt nochmal? Ich kann's mir einfach nicht merken! Irgendwas mit B ...! Oder war es G ...?" Mit dem Ellbogen schubst er seinen Freund an.

Doch Lars starrt nur angespannt auf seinen Vordersitz und hat nach seinen Gedanken an ihr letztes Hockeyspiel nun ganz andere Sorgen: Wie soll er es bloß schaffen, fünf Tage von Zuhause weg zu sein... so ganz allein … ohne seine Eltern? Die anderen waren alle schon im Kindergarten auf Abschlussfahrt gewesen. Aber da hatte er ja damals die Windpocken gehabt und musste daheim bleiben. Er spürt, wie sein Hals enger wird und weh tut, als er schluckt. Schnaufend schielt er rüber zu Max. Der hat draußen gerade seine Mutter entdeckt.

„Tschüühüss Mamaaaaaaa!", winkt er ihr aufgeregt zu, „Bis baaaaahaaald!" Dabei weiß Max ja eigentlich, dass sie ihn durch die dicke

Glasscheibe nicht hören kann. Trotzdem sieht es von außen anscheinend sehr lustig aus.

Da hat Lena eine Idee: „Kommt, wir spielen *Fische im Aquarium*!" Das muntert Lars gleich etwas auf und schon pressen alle drei Freunde ihre Gesichter ans Fenster, öffnen und schließen den Mund, während alle Eltern draußen vor dem Bus ihren Spaß haben.

So auch Lenas Mama, bis sie einen vierten *Fisch* mit Zahnlücke hinter den Dreien entdeckt: „Frederik! Was machst du denn im Bus?!", ruft sie erschrocken und stürzt zur Fahrertür. „Komm da sofort raus!" Hat sich doch tatsächlich Lenas kleiner Bruder in den Bus geschlichen!

Auch Lena, Max und Lars haben den blinden Passagier hinter sich entdeckt und wundern sich: „Frederik, du musst doch zur Schule! Du kannst nicht mit uns fahren!" Lena versucht es ihrem kleinen Bruder zu erklären: „Das dürfen nur die Großen."

Doch wie ein kleines Äffchen klammert er sich mit einer Hand ganz fest an ihren Arm. In der anderen Hand stecken zwei kleine Papierflieger. Hat er etwa den Papierflieger vorhin fliegen lassen?

Inzwischen ist ihre Mutter in den Bus gestiegen und steht schnaufend vor ihnen. Wortlos nimmt sie Frederik auf den Arm, haucht ihrer Tochter einen letzten Kuss auf die Stirn und geht wieder hinaus. „Na super! Das war ja wieder oberpeinlich!", ärgert sich Lena, während sie sich auf der Stirn die Spuren von Mamas Kuss abwischt und einen weiteren Flieger vom Boden aufhebt. Aber dann geht es endlich los!

Laut zischend schließen sich die beiden Bustüren an der Seite und alle Kinder winken ihren Eltern auf dem Bürgersteig zu ... Bis sie mit einem Mal den Busfahrer entdecken, der noch draußen vor dem Bus steht und aufgebracht seine Arme schwenkt. Um ihn herum stehen drei bunte Koffer.

„Was ist denn jetzt schon wieder? Ich dachte, wir fahren los?!", bemerkt Lena. Lars nickt: „Ja, dachte ich auch! Aber irgendwas stimmt da nicht."

Er lehnt sich nach vorne, um besser zu sehen: Vor ihrem Fenster diskutiert der Busfahrer mit Lenas Mutter und Frau Otto, die dem kleinen Frederik zwinkernd einen Papierflieger in die Hand drückt. Er hatte also tatsächlich den Flieger geworfen!

Nach einer gefühlten Ewigkeit ist das Problem mit den Koffern scheinbar gelöst, denn der Busfahrer und die Lehrerin steigen wieder ein. Erneut schließen sich die Türen geräuschvoll und endlich spüren Lena, Max und Lars, wie der Motor ihre weichen Sitze vibrieren lässt. Kurz darauf fädeln sie sich in den morgendlichen Verkehr ein. Ihr neues Abenteuer hat begonnen!

Da die Busfahrt bestimmt länger dauern wird, lehnt sich Lena zurück und schließt die Augen, damit ihr nicht schlecht wird. Das passiert ihr leider immer wieder, wenn sie verreist. Im Dunkeln hört sie, wie ihre Freunde Max und Lars gerade ein Kartenspiel auspacken, heimlich Chips futtern und ihre Gedanken beginnen zu kreisen ...

Doch allzu lange kann sie sich nicht ausruhen, denn Max reißt sie viel zu früh aus ihrem Traum: „Lena, du Schlafmütze! Wach auf!" Erschrocken reibt sich Lena die Augen und schaut sich um. Das Vibrieren des Busses verstummt gerade. Um sie herum sind alle Kinder wieder auf den Beinen und bereiten sich auf das Aussteigen vor. Anscheinend sind sie angekommen. Ein letztes Mal schauen sich die drei Freunde in die Augen, dann hüpfen sie mit den anderen aus dem Bus direkt ins Abenteuer hinein. Zumindest dachten sie, dass es eines sein würde …

Als sie nämlich vor den geöffneten Seiten-klappen des Busses auf ihre Koffer warten, kommt alles irgendwie anders: Ein Koffer nach dem anderen landet aus dem tiefen Bauch des Fahrzeugs auf den steinigen Boden. Lena, Max und Lars beobachten, wie sich der mächtige Ge-päckhaufen erst schwindelerregend hoch türmt, bis er schließlich wieder kleiner wird. Am Ende haben alle ihren Koffer bekommen - nur die drei Freunde nicht. „Und was ist mit uns?", fragt Lena verunsichert. Auch Max macht sich Sorgen: „Sind unsere drei Koffer vergessen worden oder am Ende sogar verloren gegangen?" Hungrig denkt er an die Schokoladentafeln, die er heim-lich in seinen Koffer gestopft hat. So ein Ärger!

Während die Schulklasse sich hinter dem Bus von Herrn Schmitt, dem Busfahrer, verabschiedet, erklärt Frau Otto den drei Ahnungslosen die Lage. Sie erzählt von einem Missverständnis und holt weit aus. Doch Lena, Max und Lars sind entsetzt: Ausgerechnet ihre Koffer wurden zurückgelassen! Wie kann ein Bus zu klein sein?! So was gibt´s doch gar nicht!

„... und deshalb, Lena, hat sich deine Mutter bereit erklärt, eure Koffer mit dem Auto hierher zu fahren.", hören sie der Lehrerin mit halbem Ohr zu, „Sie wird am Abend hier sein."

„Wie bitte?", Lena traut ihren Ohren nicht, „Mama kommt zu mir? Hierher?" Diese Klassenfahrt ist wirklich die reinste Katastrophe!

„Ja, sie wartet nur noch, bis dein Bruder aus der Schule kommt, dann fahren sie los. Also keine Sorge, ihr bekommt eure Koffer schon noch." Mit diesen Worten scheucht Frau Otto Max und Lars vor sich her. Lena folgt ihnen schweigend. Peinlicher könnte es nicht sein: Erst schleicht sich ihr Bruder in den Bus, dann steigt Mama ein und später kommen die beiden auch noch in die Jugendherberge! Am liebsten würde sie sofort wieder abreisen. Dann könnte sie am Donnerstag wenigstens in die Hockey-AG gehen. Ihren rosa Schläger vermisst sie sowieso schon!

Max und Lars sind froh, dass es nicht ihre Mütter sind, die hier aufkreuzen werden. Aufmunternd klopfen sie auf Lenas Schulter: „Ach komm schon, Lena! Du bekommst deinen Koffer ja noch! Nur ein bisschen später eben.", versucht Max sie zu beruhigen.

„Ja, das ist doch halb so wild.", meint auch Lars. Er hakt sich in Lenas Arm und zu dritt laufen sie den anderen hinterher in die Jugendherberge.

„Ihr habt gut reden!", brummt Lena auf dem Weg, „Eure Mütter kommen ja auch nicht hierher und bringen euren kleinen nervigen Bruder mit!" Den beiden Jungen fällt mittlerweile nichts mehr ein, womit sie ihre Freundin aufmuntern können. Irgendwie hat sie ja recht, aber das können sie ihr auf keinen Fall sagen. Also wechseln sie einfach das Thema: „Schnell! Wir müssen uns beeilen! Da vorne teilen sie die Zimmer ein. Komm, Lena!" Und schon rennen sie zur Jugendherberge, in der sie kurz darauf gleich die zweite Überraschung erleben.

Die Rallye

Im Gebäude angekommen, hat Max sofort ein Empfangsglöckchen entdeckt und drückt gleich zweimal kräftig auf den kleinen Knopf. Der schrille Klang hallt durch das ganze Haus.

„So, ihr drei!", beginnt die Empfangsdame, bevor Max ein drittes Mal klingeln kann, „Mal seh'n, ob ich noch ein Zimmer für euch habe." Sie schaut zu Lars und Max: „Also, ... ihr beiden Jungs kommt zu den anderen in den ersten Stock. Und du, kleine Dame, bekommst noch einen Platz im Mädchenzimmer. Das ist im zweiten Stock." Sie notiert sich die Namen der Kinder; Frau Otto hilft ihr dabei.

Lena kann man die Überraschung förmlich im Gesicht ablesen. „Ich ... ich dachte, wir können uns die Zimmer aussuchen?", stammelt sie leise. Schließlich war sie davon überzeugt gewesen, sich mit Lars und Max ein Zimmer teilen zu können. Im Kindergarten hatten die Mädchen doch auch mit den Jungs in einem Zimmer übernachtet! Sie versteht die Welt nicht mehr.

Auch die beiden Jungen treten unruhig von einem Bein aufs andere. Irgendetwas muss ihnen doch einfallen, damit sie alle drei in einem Zimmer sein können!

„Wir sind aber in einer Mannschaft. Da müssen wir uns Tag und Nacht besprechen und eine Taktik einfallen lassen. Lena muss also zu uns!", versucht Lars die Dame zu überzeugen.

Doch die schüttelt nur den Kopf: „Tut mir leid, da ist nichts zu machen. Ihr könnt euch ja draußen auf dem Spielplatz besprechen." Dann verschwindet sie wieder in ihrem Büro.

„Na, Lena, du hast doch so viele Freundinnen in deiner Klasse! Das wird bestimmt sehr lustig in eurem *Girlie-Zimmer!*", zwinkert Frau Otto ihr zu. Lena könnte sich noch stundenlang darüber aufregen, doch Max und Lars reißen sie aus ihren trüben Gedanken: „Lena, jetzt komm schon! Gleich fängt doch die Stadtrallye an. Wir drei sind in einer Gruppe, ja?! Es gibt Gummibärchen zu gewinnen!"

Ihre Ablenkung hilft tatsächlich: Die Aussicht auf einen lustigen Nachmittag, den sie auf eigene Faust in der Stadt verbringen können, versöhnt Lena wieder. Sie wird einfach das Beste aus dieser komischen Klassenfahrt machen. Wer weiß, vielleicht wird es ja doch noch ganz schön. Und nachdem alle ihr Gepäck in ihre Zimmer gebracht haben, ziehen sie in Gruppen durch die Stadt …

„Wie sollen wir das alles nur herausfinden?!", jammert Max kurz darauf, als er flüchtig auf Frau Ottos Rallye-Blatt schaut. Die vielen Aufgaben verschwimmen vor seinen Augen und er stöhnt. Diesmal ist es Lena, die ihn beruhigt: „Das ist doch ganz einfach! Hier auf der Rückseite ist ein kleiner Stadtplan, der uns hilft. Jetzt suchen wir erst mal das Museum, das hier irgendwo in der Straße sein muss. Da müssen wir ja nur den Namen herausfinden."

Max nickt und sie laufen in großen Schritten weiter. Als sie an der nächsten Abbiegung ankommen, stoßen sie fast mit einer anderen Schüler-Gruppe zusammen und stutzen: „Mensch Tom, was machst du denn hier?", rufen Lena, Max und Lars im Chor. Vor ihnen steht Tom aus der Parallelklasse und aus ihrer Hockey AG. Das ist ja eine Überraschung! „Na, das müsste ich euch fragen!", wundert auch er sich. „Ich dachte, eure Klasse fährt auf den Bauernhof!"

Er schaut die drei Freunde ungläubig an und freut sich, sie zu sehen. „Das war auch erst so geplant!", meint Lars, der als erster wieder seine Worte findet, „Aber Frau Otto hat plötzlich irgendeine schlimme Tierallergie bekommen. Deshalb hat sie schnell etwas anderes gesucht und wir sind hier in der Jugendherberge gelandet. Sag bloß, ihr seid auch hier, im gleichen Haus!?"

„Na und ob! Unsere Klasse ist auch hier!", jubelt Tom, „Und Henks Klasse auch."

Lars schaut erst zu Lena, dann zu Max. Der versucht gerade, heimlich einige Antworten auf Toms Rallye-Fragebogen abzulesen. „Das ist echt witzig!", ruft Lena. „Jetzt ist ja fast unsere ganze Hockey AG hier in der Jugendherberge! Dann wird sie ja wohl diese Woche ausfallen, wenn wir alle weg sind. Nur mit Frederik alleine können unsere Trainer Elli und Tobi doch nichts anfangen! Echt schade, dass wir unsere Schläger nicht dabei haben!" Traurig stimmen ihr alle zu und dann eilen sie getrennt weiter durch die Straßen.

Nur Max träumt schon von den vielen Gummibärchen, die sie hoffentlich als Gewinner der Rallye bekommen werden. Doch wieder werden sie plötzlich aufgehalten ...

Das Lama

„Das ging ja doch ganz schnell", stellt Lars zufrieden fest, als sie alle Antworten gefunden haben. Eilig folgt er Lena, die weit vor ihnen schon in Richtung Treffpunkt rennt.

Max nickt glücklich und kann kaum Schritt halten. Wenn er sich nicht täuscht, liegen sie wirklich sehr gut in der Zeit und sie könnten sogar den ersten Platz belegen.

Er versinkt in seinen Gedanken und denkt an die dicken Gewinner-Gummibärchen. Die roten mag er ja am liebsten. Die gelben aber auch irgendwie. Schon läuft ihm das Wasser im Munde zusammen. Vor seinen Augen hüpfen die Gummibärchen nur so vor Freude, bis er bemerkt, dass er selbst nicht mehr so richtig hüpfen kann, sondern mit seinem rechten Schuh am Boden festklebt. Ein Kaugummi! Auch das noch!

„Nee, oder? Das hat uns ja gerade noch gefehlt!", ruft Lars und schüttelt den Kopf. „Ein Hundehaufen? Kannst du nicht besser aufpassen?" Max jammert: „Nein, viel schlimmer:

ein ekelhaft klebriger Kaugummi! Hilf mir lieber mal!" „Schmier' ihn doch einfach auf dem Gras hier ab! Na los, beeil' dich!", japst Lena plötzlich neben ihnen. Schnell ist sie zu ihren Freunden zurück gelaufen und hält ihm einen kleinen Stock hin. Vielleicht kann er den gelben Kaugummi-klumpen damit abschaben.

Angewidert versucht Max seine verklebte Sohle mit kleinen Ästen, Papiertaschentüchern und auf dem feuchten Gras wieder sauber zu bekommen. Seine Freunde stehen neben ihm und beobachten ihn ungeduldig.

Da bemerkt es Lars zuerst: „Mensch, das ist ja toll!", ruft er aufgeregt, doch Lena und Max haben es auch schon gesehen: Direkt hinter ihnen glitzert eine überdimensionale Diskokugel in einem großen Schaufenster, in dem unzählige, bunte Hockey-Schläger an durchsichtigen Fäden hängen und hinter dem Glas zu schweben schei-nen. Tausende kleiner Sterne kleben von innen am Fenster: Ein echter Hockeyladen! „Ist das cool!", staunt Max, „Wie Raumschiffe im All, nur viel schöner!" Noch während er seinen Schuh im Gras abstreift, mustern sie vor dem Geschäft die hohen Hockeyball-Pyramiden im Schaufenster.

Langsam heben die drei Freunde ihre Köpfe: Oben an der Decke dreht sich leise surrend die Diskokugel, die sogar klitzekleine Lichtpunkte bis nach draußen auf ihre Jacken wirft.

„Da würde man am liebsten sofort Hockey spielen. Echt wie im Märchenland", meint Lena und drückt ihre Nase an das kalte Glas.

„Ja, das ist das Paradies!", juchzt Lars, während er seine Augen links und rechts mit den Händen abschirmt.

Max träumt mit seinem klebenden Schuh sehnsüchtig vor sich hin: „Wenn ich groß bin, hab' ich auch so einen Laden.", haucht er an das Schaufenster, das dabei sofort beschlägt. „Und dann dürfen meine Kunden auch alle Schläger ausprobieren. Wie die Leute da. Habt ihr das gesehen? Da drinnen gibt's sogar Kunstrasen und eine dicke Matte als Tor!"

„Ich dachte, du wirst Feuerwehrmann?", zwinkert Lena ihm zu.

Doch plötzlich öffnet sich mit einem hektischen Glockengebimmel die Eingangstür. Lena, Max und Lars hüpfen erschrocken zur Seite. Stürmisch läuft eine Gruppe laut lachender Kinder heraus, allesamt im gleichen Sport-Trikot, die

Mädchen im grünen Rock, die Jungs in kurzen grünen Hosen und ihre Waden dick eingepackt in coolen, leuchtend grünen Stutzen über den Schienbeinschonern.

„Solche Angeber!", flüstert Lena ihren Freunden zu und dreht sich weg.

„Ja, total übertrieben mit ihrem Aufdruck *Hockey-Team soundso ...*", findet auch Lars.

Obwohl er schon etwas neidisch ist. Ihre AG müsste auch so tolle Klamotten haben. Das wär` was!

Doch Max stört etwas völlig anderes: Als einer der Jungs aus dem Hockey-Geschäft hinausgeht, spuckt er in hohem Bogen seinen dicken gelben Kaugummi aus, kickt ihn zwei Mal lässig mit der Schuhspitze hoch und schießt ihn mit seinem Hockeyschläger weit auf den Gehweg.

Angeekelt schaut Max erst auf seinen Schuh, dann zu dem Jungen. Der war das also!

„Wie ein Lama!", murmelt er, „Die spucken auch immer." Bestimmt ist er in den Kaugummi von diesem Angeber hineingetreten. Echt ekelhaft!

Lars nickt: „Ja, und jetzt klebt dieser Angeber auch noch an deinem Schuh!"

„Aber eigentlich sind Lamas ja ganz niedlich!", findet Lena, „Naja, … trotzdem passt es irgendwie zu ihm."

Und so laufen sie nachdenklich zurück zu Frau Ottos Treffpunkt. Gelangweilt lehnt sie an einem Baum, während sie wild auf ihrem Handy herumtippt. Als sie die drei bemerkt, steckt sie es schnell weg.

„Na endlich kommt mal jemand. Ihr seid tatsächlich die Ersten!", stellt sie fest. Lena übergibt ihr feierlich den ausgefüllten Rallye-Bogen und nach und nach kommen auch die anderen Gruppen mit ziemlicher Verspätung zum Treffpunkt zurück: Der einen Gruppe sieht man schon am Schokoladen verschmierten Mund den Besuch in der Eisdiele an, in der nächsten Gruppe musste jemand auf Toilette, was etwas schwierig war, da kein Café bereit war, die gesamte Meute auf ihre Kundentoilette gehen zu lassen und schließlich eine weitere Gruppe, die ganz einfach keine Lust auf diese Rallye hatte und lieber einen Abstecher auf den Spielplatz gemacht hat.

Und so hält Max später auf dem Rückweg selig eine Mega-Familienpackung Gummibärchen in den Händen. Sie haben die Rallye gewonnen! Angestrengt überlegt er, welche Farbe er nun am Leckersten findet und welche er Lars und welche er Lena abgeben soll.

Doch die hat nur eine einzige Sorge: Hoffentlich merkt gleich niemand, dass ihre Mutter und Frederik in der Jugendherberge sind! Noch bevor die anderen Kinder das Haus erreichen, ist sie schon hineingestürmt. Vielleicht kann sie die beiden ja irgendwo verstecken!

Unverhofftes Wiedersehen

Doch Lena hat Glück. Als sie sich suchend umsieht, wird sie von der Empfangsdame erkannt, die gerade das Glöckchen am Tresen poliert: „Du bist bestimmt die kleine Lena!", freut sich die junge Frau und stellt das Glöckchen an seinen Platz.

„Deine Mutter war vorhin da. Leider konnte sie nicht auf euch warten und ist mit deinem Bruder schon wieder abgefahren. Sie hat jede Menge Gepäck für euch abgegeben. Es ist schon auf euren Zimmern."

Lena fällt ein Stein vom Herzen. Das ist ja noch mal gut gegangen! Die gläserne Tür springt auf und dann sind auch schon Lars und Max und alle anderen in der Jugendherberge. Hungrig gehen sie direkt zum Abendessen.

Wenig später staunt Lena nicht schlecht, als sie auf ihrem Zimmer ist. Dort sieht sie nicht nur ihren Koffer, sondern auch die große Schlägertasche ihrer Hockey AG auf ihrem Bett liegen. Wo kommt die denn her? Eilig zieht sie den dicken

Reißverschluss auf und dann hält sie ihn endlich wieder in ihren Händen: Ihren rosa Lieblingsschläger! Und nicht nur den findet sie! Auch ihre Schienbeinschoner, ihren Mundschutz und die Sportsachen fischt sie aus ihrem kleinen Turnbeutel, der mit all den vielen anderen Beuteln in der tiefen Tasche steckt. Schnell schaut sie nach, ob auch alle dabei sind: Und wirklich! Es sind alle da und die bunten Hockeyschläger auch.

„Mama, du bist die Beste!", denkt Lena ganz im Geheimen. Neugierig schauen ihr mittlerweile alle übrigen Mädchen über die Schulter.

„Echt cool, der Schläger! Ist das dein eigener?", staunen sie, „Das macht bestimmt Spaß, oder?"

„Nein, mein eigener ist es leider nicht. Der gehört meinen Trainern. Aber Spaß macht es wirklich.", erwidert Lena und erklärt stolz, dass allein ihre Mutter anscheinend die oberwichtige Aufgabe hatte, die Hockeyausrüstung der AG hierher zu bringen.

„Das steht in diesem Brief.", meint sie und wedelt glücklich mit einem Papier vor ihren Nasen herum. „Hier soll es nämlich einen Hockeyplatz geben, haben ihr meine Trainer gesagt."

Die anderen sind beeindruckt. Interessiert beobachten die Mädchen, wie Lena sofort ihre Hockeysachen anzieht, ihren Mundschutz schnappt und alle Schläger und Stoffbeutel unter den Arm nimmt.

„Können wir da auch mal mitspielen?", fragen sie. Dass es eine Hockey AG an ihrer Schule gibt, hatten sie gar nicht mitbekommen. Lena nickt ihnen überrascht zu: „Na klar! Bei uns kann jeder mitspielen!" Und für einen winzig kleinen Augenblick stellt sie sich all diese Freundinnen vor, die vielleicht irgendwann mit ihr gemeinsam auf dem Hockeyplatz stehen könnten. Sie spürt, wie ihr Herz kurz hüpft, ganz so, als ob es sich freuen würde und strahlt die Mädchen an.

Dann geht sie los, um Max, Lars und die anderen Hockey-Kids zum Hockeyspielen abzuholen. Die werden staunen!

Kurz darauf hat sie alle Zimmer gefunden und jedem seinen Stoffbeutel und den Schläger überreicht. Max und Lars braucht Lena nicht lange zu erklären, worum es geht.

„Echt? Hier soll es wirklich einen Hockeyplatz geben?", fragt Lars begeistert. „Ja, ist das nicht toll?", freut sich Lena. So schnell wie heute hat sich Max wohl noch nie angezogen, denn nur zwei Minuten später rennen die drei aufgeregt und überglücklich mit den anderen Hockey-Kids aus dem Haus, hinaus auf den Spielplatz. Eine ganze Stunde hat Frau Otto allen noch etwas Freizeit erlaubt. Das reicht für ein paar Hockey-schläge.

Nachdem sie an einer Rutsche und mehreren Schaukeln vorbei gelaufen sind, haben sie den Hockeyplatz anscheinend gefunden: Um einen rötlichen Platz mit zwei Toren ragt ein riesiges Gitter in die Höhe.

„Das soll ein Hockeyplatz sein?", wundert sich Lars, „Der ist ja aus Gummi!" Auch Max und Tom sind nicht so begeistert: „Wie soll das denn gehen, ohne Rasen?" Doch Lars hört gar nicht hin: „Ich wird' verrückt ...", murmelt er entgeistert.

„Ja, echt toll, oder?! Jetzt können wir doch noch jeden Tag Hockey spielen!", freut sich Lena. Max strahlt: „Ja, Lars, wirklich verrückt!"

Lars schüttelt den Kopf: „Nicht deswegen wird' ich verrückt! Habt ihr denn nicht gesehen, wer da schon auf dem Platz steht und selbst Hockey spielt?"

Da schauen Lena und Max etwas genauer hin: Tatsächlich, da spielt schon jemand! Und dann erkennen sie auch schon wer das ist: „Das *Lama*!", rufen sie im Chor. Auch das noch!

„Wer ist denn bitteschön das *Lama*?", fragt sich Tom. Doch als er merkt, dass Lena, Max und Lars immer noch wie erstarrt sind, zerrt er sie zur Seite. „Schnell, verstecken wir uns erst mal hinter der Kletterwand hier!", zischt Tom und alle schleichen wie die Indianer hinter ihm her. Von ihrem Versteck aus beobachten sie die anderen beim Spielen.

„Kennt ihr die?", flüstert Anna leise zu Lena. „Ja, ... leider!", antworten Max und Lars mit ihrer Freundin.

Dann erzählen sie den anderen, wie sie das *Lama* und sein Team kennengelernt haben. Mit denen wollen sie nichts zu tun haben!

„Echt jetzt? Ist das euer Ernst? Wollt ihr etwa die ganze Woche kein Hockey spielen, nur weil diese Angeber schon auf dem Platz sind?", wundert sich Tom, nachdem er etwas nachgedacht hat.

Max schaut auf seinen Schuh, der beim Laufen immer noch etwas am Boden klebt und zuckt mit den Schultern: „Naja, eigentlich hast du ja recht. Der Typ ist wirklich eklig und sein Team total eingebildet. Aber was soll's! Ich will jetzt endlich Hockey spielen."

„Ja!", gibt Lars zu, „Der Platz ist schließlich für alle da! Stimmt's, Lena?" Doch Lena ist hin und her gerissen. Während sich die Jungen beratschlagt haben, hat sie die anderen beobachtet.

„Die können aber schon sooo gut spielen!", zögert sie. „Habt ihr gesehen, wie oft sie den Ball mit ihrem Schläger ditschen können? Mindestens 1000 Mal!" Mit großen Augen schaut sie in die Gesichter ihrer Freunde.

Da legt Anna ihr vorsichtig die Hand auf ihre Schulter. „Jetzt lass dir doch den Spaß nicht von irgendwelchen Angebern vermiesen! Vielleicht sind die ja doch ganz nett. Und Lamas sind ja schließlich echt niedlich!", erklärt sie und muss dabei an Tom denken, bei dem das ja ganz ähnlich war. Als sie ihn verträumt anschaut und er ihr plötzlich direkt in die Augen sieht, wird ihr mit einem Mal ganz warm. Und auch Tom bekommt wieder mal rote Ohrläppchen.

Lena grinst. Tom und Anna, ... jetzt werden beide schon gemeinsam rot. Sie gibt sich einen

Ruck und schnappt sich ihren Schläger: „Also gut Tom, wie ist dein Plan?"

„Dazu brauchen wir gar keinen Plan. Wir gehen einfach hin und spielen auch. Lasst mich mal machen." Und so laufen Lena, Max, Lars, Henk, Anna und Clara wenig später im Gänsemarsch hinter Tom her. Als sie den Platz erreichen, läuft Tom geradewegs auf das *Lama* zu und stellt sich vor: „Hi!", fängt er cool und lässig an, „Ihr spielt ja echt krass Hockey!"

Das *Lama* nickt stolz und Tom fährt ohne zu zögern fort: „Macht einfach weiter und lasst euch nicht stören. Wir sind noch Anfänger. Da braucht man nicht so viel Platz. Uns reicht die eine Hälfte und das andere Tor da drüben." Und ohne eine Antwort abzuwarten marschieren die Hockey-Kids schnell an den Angebern vorbei.

Anna ist beeindruckt. Das war ganz schön mutig von Tom, sich einfach den halben Platz zu nehmen. Auch Lena ist begeistert und freut sich, dass es endlich losgeht. Tom gibt ihnen gleich die erste Anweisung: „Na los! Jetzt hört auf, die ganze Zeit zu den anderen rüber zu glotzen. Stellt euch einfach wie im Training gegenüber auf und spielt euch den Ball zu."

Max und Lars sind froh, dass Tom sie etwas anführt, denn alleine hätten sie sich nie aufs Feld getraut. Und so spielen sie sich erst einige Male die Bälle zu und üben danach einige *Zieher*. Schließlich teilen sie sich in zwei Mannschaften auf, um gegeneinander auf das eine Tor zu spielen. Tom und Max werden ausgelost und dürfen ihre Teams wählen. Am Ende befinden sich Lena, Max und Lars in der einen Mannschaft und Anna, Clara und Tom in der anderen.

Henk will Torwart für alle sein: „An mir müscht ihr erscht mal vorbei kommen!", nuschelt er mit seinem Mundschutz im Mund und grinst. Auf dem Kopf trägt er zum Schutz einen rot-weiß getupften Fahrradhelm, den er sich auf dem Spielplatz von einem Kind geliehen hat. Die dick gefütterte Regenjacke eines anderen Kindes schützt seinen Körper.

Dann geht es auch schon los. Schnell hat Max den Ball geschnappt und zieht ihn im Kreis mit sich herum, denn Clara wedelt mit ihrem Schläger ständig vor seinen Füßen herum.

Doch auf dem Gummiboden lässt sich der Ball nicht so gut halten und er rollt einfach weiter. Das entgeht Tom nicht, der direkt daneben steht, seinen Schläger auf den Boden legt und den Ball zum Stehen bringt. Strahlend holt er mit dem Schläger weit aus, denn der Weg ist frei für seinen Treffer... Leider freut er sich zu früh, denn wer so lange mit seinem Schläger ausholt, lässt den Ball eben viel zu lange unbewacht auf dem Boden liegen! Und so ist es Lars, der den Ball einfach zu sich zieht, während Tom verdutzt noch seinen Schläger in der Luft hält.

Lars, der mittlerweile von Anna und Clara verfolgt wird, bahnt sich seinen Weg bis ans Tor, um die linke Seite zu erreichen, auf der niemand steht. Allerdings kommt er nicht weit, denn er stolpert und fällt über seinen eigenen Schläger.

Noch während er stürzt, schlägt er den Ball jedoch fest zu Lena rüber, die völlig überrascht gerade noch ihren Schläger vor ihre Füße halten kann. Der Ball prallt mit voller Wucht an ihren Hockeyschläger, springt wieder ab und fliegt im hohen Bogen zum Tor.

Blitzschnell dreht sich Henk zum Ball, dass ihm fast der rote Helm verrutscht, doch es ist zu spät.

„Tooooor!", jubelt Lars auf dem Boden und Lena ist sprachlos.

Doch noch sprachloser sind alle Freunde, als sie merken, wer sich um sie herum versammelt hat und zu klatschen beginnt: Das *Lama* und seine Angeber-Truppe!

„Also richtige Anfänger seid ihr ja wohl nicht mehr und auf einem halben Platz kann ich mit meinem Team nicht richtig trainieren.", meint das *Lama*. Seine Mannschaft nickt bekräftigend. „Ich schlage deshalb vor, dass wir morgen einfach ein Spiel gegeneinander machen. Wir gegen euch!"

Da sich keiner etwas zu sagen traut, übernimmt Tom wieder das Sagen: „Ok, abgemacht. Morgen, gleiche Zeit, gleicher Ort." Er antwortet gelassen, doch seine Stimme klingt dabei nicht mehr ganz so cool wie vorhin.

Eine besondere Taktik

In der Nacht können die Hockey-Kids vor Aufregung um das Match kaum schlafen. Max, der eine ganze Tafel Schokolade gegen seine Bauchschmerzen *eingenommen* hat, sitzt mit noch viel größeren Schmerzen stundenlang auf der Toilette. Lars dreht und wälzt sich ununterbrochen in seinem Bett, während er im Schlaf gegen eine Herde wilder Lamas ankämpft. Und Lena liegt einfach nur schlaflos in ihrem Bett.

So beginnt der nächste Tag für alle sehr müde und leider auch noch mit Frau Ottos Wanderung ins Nachbardorf. Verschlafen laufen Lena, Max und Lars hinter ihrer Klasse her.

„Tom hat`s gut!", meint Lena, „Seine Klasse macht heute keinen anstrengenden Ausflug."

„Mmh!", brummt Lars zustimmend und Max überlegt: „Dann kann er sich ja mit Anna und Clara eine schlaue Taktik für unser Hockeyspiel einfallen lassen. Schließlich hat ER uns das heute alles eingebrockt." Missmutig kickt er eine Kastanie vor sich her, die in einer Pfütze landet.

In der Zwischenzeit bereitet sich Tom in der Jugendherberge tatsächlich auf das Match vor. Fieberhaft tüftelt er an einer guten Mannschaftsaufstellung und sucht nach einer zündenden Idee, wie sie gegen die andere Mannschaft gewinnen könnten. Er denkt an seine Freunde und an das *Lama*, wie sie einen der Gegner nennen. Lena mag ihn ja anscheinend überhaupt nicht. Dann ist es wohl besser, wenn sie im Spiel nicht allzu viel mit ihm zu tun hat. Soll sie eher verteidigen? Oder doch lieber im Sturm spielen? Und wo sollen Max und Lars spielen?

Außerdem fehlt ihnen Lenas kleiner Bruder Frederik. Ausgerechnet er hatte beim letzten großen Spiel für den Sieg gesorgt! Name für Name geht Tom alle Hockey-Kids durch und ist sich nicht sicher, wie die beste Lösung sein könnte.

Aber vielleicht weiß ja Anna einen Rat. Und so macht er sich auf die Suche nach ihr und ist ganz froh, einen guten Grund gefunden zu haben, um bei ihr zu sein und mit ihr zu sprechen. Fröhlich pfeifend geht er also erst einmal nach draußen ...

Viel zu schnell vergeht die Zeit und dann ist plötzlich schon Nachmittag. Die Jungen ziehen sich gerade ihre Sportsachen an, Lena sitzt zwischen all den Mädchen in ihrem Zimmer.

Gebannt hören sie ihr zu, wie sie von dem anstehenden Spiel erzählt. „Das wird echt hart!", stöhnt sie, „Die anderen sind sooo gut!" Schweigend schauen sich die Mädchen an. „Am liebsten würde ich erst gar nicht mitspielen."

Samira, eines der Mädchen, nickt verständnisvoll: „Weißt du, dann stell dir doch einfach vor, es wäre jemand anderes! Hattet ihr nicht schon andere Gegner, die netter waren?" Lena nickt: „Ja, ... unsere Eltern!"

„Na also!", freut sich Samira, „Dann stell dir statt des *Lamas* doch einfach deinen Vater vor!" „Oder noch besser …", meint jetzt Josie, „Deine Oma mit Gehstock!" Und alle prusten laut los.

Doch nur wenig später ist es soweit. Vor der Rutsche versammeln sich die Hockey-Kids zum letzten Besprechen. Tom, der den ganzen Tag schon an seiner Taktik getüftelt hat, ist mittlerweile ganz genervt: „Egal, wie ich euch stelle, irgendjemand wird immer gegen euer *Lama* spielen müssen. Das kann ich nicht so allein entscheiden. Mir ist es eigentlich egal, an welcher Position ich spiele. Also würde ich vorschlagen, wir verteilen uns ganz spontan auf dem Platz. Wer zuerst auf seinem Platz steht, bekommt ihn auch." Dass er mit Anna viel lieber über die Klassenfahrt geredet und mit ihr Blumen gepflückt hat, erzählt er dabei lieber nicht. Verschämt blickt Anna auf die bunte Wiese nebenan.

Etwas ungläubig starren Lena, Max und Lars auf Tom. Irgendwie hatten sie auf eine super Idee und ausgefeilte Taktik gehofft. „Meinst du das ganz im Ernst?", fragt Max ratlos. Tom nickt und hebt entschuldigend die Schultern.

Und so laufen alle kurz darauf mit zittrigen Knien auf den Hockeyplatz zu. Schon von weitem erkennen sie ihre Gegner in ihren grünen Trikots und Stutzen. Lars umklammert mit beiden Händen seinen Schläger. Jetzt gibt es kein Zurück mehr!

Nachdem sich beide Mannschaften zur Begrüßung gegenüber gestellt haben, rufen sie sie den anderen laut zu. „Wir sind die Hockey-Kids, jetzt geht's los!", rufen die Hockey-Kids, „Hello, hello und let's go!", kommt es kühl von der anderen Seite zurück. Schnell verteilen sich die grünen Gegner auf ihre Positionen und sind bereit. Auf der anderen Seite des Spielfeldes haben sich die

Hockey-Kids immer noch nicht so recht für ihre Positionen entschieden: Während Tom mutterseelenallein vorne im Sturm steht, verstecken sich alle anderen ganz weit hinten in der Abwehr. Fast rücken sie sogar zu Henk ins Tor.

„Jetzt stellt euch mal richtig auf!", meckert das *Lama*, „Wir wollen hier ja nicht übernachten!"

Tom hat seine Team-Aufstellung noch gar nicht bemerkt. Überrascht dreht er sich um und winkt Lena und Lars schnell zu sich nach vorne.

„Ihr scheid ja eschte Angschthaschen!", witzelt er nuschelnd, doch die beiden finden das überhaupt nicht lustig. Max deutet er darauf mit der Hand in das Mittelfeld. Da muss ja schließlich auch jemand stehen. So bleiben Anna und Clara also in der Abwehr und Henk hat das Tor wieder für sich allein.

Da keiner eine Trillerpfeife dabei hat und es keinen Schiedsrichter gibt, brüllt das *Lama* ein lautes „Anpfiff!" und das Spiel beginnt.

Wie durch Zufall hat sein eigenes Team den Ball schon vorher im Besitz gehabt und die kleine weiße Kugel wird von einem grünen zum nächsten grünen Spieler geschlagen. Ein faires Spiel ist das also nicht wirklich. Immer wieder versucht Tom, ihnen in die Quere zu kommen, doch alleine kann er das nicht schaffen. Dafür sind es zu viele. „Lena! ... Larsch!", ruft er laut mit seinem Mundschutz zwischen den Zähnen. Er kann es nicht fassen! Wieder haben sich alle Hockey-Kids ängstlich bis fast auf die Torlinie fallen lassen und beobachten das Geschehen von außen. „Ihr scheid nischt im Kino!!!", brüllt er und endlich trauen sich Lena und Lars zu ihm nach vorne.

Mit den beiden könnte er es jetzt schaffen, an den Ball zu kommen. Heimlich wirft er Lars einen Blick zu und der versteht es gleich: Zu zweit stürmen sie auf das *Lama* zu und versperren ihm den Weg. Ihre Schläger liegen fast ganz flach auf dem Boden, während sich Lena etwas weiter schon darauf vorbereitet, den Ball gleich zugespielt zu bekommen. Das hat sie schon oft bei ihren Trainern beobachtet.

Dann, ganz plötzlich, werden alle von leuchtend gelben Blättern abgelenkt, die wie ein Schneesturm über das Spielfeld wirbeln und Tom nutzt den Augenblick, um Lena den Ball zuzuspielen. Mit einem weit von sich gestreckten Schläger kann sie den Ball schnell stoppen.

Das grüne Team ist völlig überrascht und Lena weiß, dass ihr nicht viel Zeit bleibt, um den Ball weiterzuspielen. So behält sie ihn erst einmal und rennt einfach selbst mit ihm los.

Nur wenige Sekunden später steht sie vor dem gegnerischen Tor. Noch immer schaut der Torwart dem bunten Laub im Windstoß zu und bemerkt viel zu spät, wie Lena kurz ihren rosa Schläger nach hinten ausholt und dann kräftig auf den Ball schlägt.

Wie in Zeitlupe sieht er den Ball auf sich zufliegen ... bis er mit einem lauten Knall an den Pfosten schlägt und wieder zurück zur Mittellinie rollt. So ein Pech! Lena kämpft mit den Tränen.

Hätte dieser blöde Ball nicht einfach ins Tor hüpfen können? Lena spürt, wie der Mut sie verlässt. Vielleicht ist sie ja zu dumm für Hockey!? Selbst Frederik hätte den Ball bestimmt ins Tor gebracht. Doch noch während sie sich über die verpasste Chance ärgert, geht das Spiel schon ohne sie weiter. Das *Lama* hat den Ball! Hoffentlich gibt es jetzt keinen Treffer!

Tatsächlich rückt das grüne Team immer näher an das Tor der Hockey-Kids. Anna und Clara beobachten eingeschüchtert das Geschehen und hoffen, dass Tom es schaffen wird, den Ball schnell zurück zu erobern. Doch leider gelingt es ihm nicht. Gekonnt und mit ständig wechselnder Richtung umspielt das *Lama* erst Lars, dann Max und schließlich sogar Tom. Dann stehen die Grünen vor Henks Tor.

Erst jetzt erwacht Lena aus ihren Gedanken und als sie die Lage erkennt, ist es schon fast zu spät. Das *Lama* scheint nicht zu bremsen zu sein, auch wenn Clara ihm ihren Schläger zur Abwehr immer wieder geschickt in die Schusslinie legt.

„Ich muss etwas tun!", überlegt Lena und plötzlich erinnert sie sich an Samiras und Josies Worte. Und wirklich, es funktioniert: Während Lena das *Lama* beobachtet, versucht sie krampfhaft an ihre Oma zu denken. Vor ihrem inneren Auge bekommt das *Lama* erst ihren dicken Po, dann thront auf seinem Kopf ihr grauer Haarknoten und schließlich verwandelt sich sein Schläger noch in ihren Gehstock. Lena kann sich vor Lachen kaum noch beherrschen und stürzt sich ins Getümmel. Ihre Angst ist weg, gegen ihre Oma wird das Spiel ein richtiger Spaß!

Lars und Max sind froh, dass Lena ihnen wieder zur Seite steht und gemeinsam versuchen sie erneut in Ballbesitz zu kommen. Immer wieder wird der Ball vor ihrer Nase jedoch aufs Neue in die andere Richtung gespielt und das *Lama* scheint irgendwie überall zu sein. Mittlerweile findet das Match fast nur noch vor Henks Tor statt, der mit seinem roten Helm auf dem Kopf aussieht wie ein Streichholz. Vor Aufregung ist sein Gesicht auch schon ganz rot und er tippelt nervös in seinem Tor umher.

Dann geht alles ganz schnell. Als sich einer der grünen Gegner kurz nach den anderen umschaut, schnappt sich Tom den Ball. Mit einer schnellen Drehung kann er ihn mit sich ziehen und versucht, vom Tor wegzukommen. Doch sein Plan scheitert: Wieder hat sich das *Lama* vor Tom aufgebaut und gewinnt den Ball sofort zurück.

Noch immer muss Lena grinsen, denn vor ihren Augen kämpft sich nicht das *Lama*, sondern ihre Oma zu ihrem Tor. Ihr Haarknoten hat sich im Spiel unordentlich aufgelöst und wippt lustig mit jedem Schritt. Doch dann schubst *Oma* Clara fies mit dem Ellbogen zur Seite und das pummelige Mädchen stürzt zu Boden. Weinend hält sie sich ihr Knie und es beginnt zu bluten.

„Das hätte Oma niemals getan!", denkt Lena wütend und kann gerade noch sehen, wie das *Lama* das Tor erreicht, den Schläger unter den Ball schiebt und ihn in hohem Bogen ins Tor spielt. „Toooor!", rufen die grünen Angeber und stürmen zum *Lama*. Die Hockey-Kids sind empört. Das war ja wohl mehr als unfair! Beiläufig hören sie, wie einer der Grünen dem *Lama* zumurmelt: „Zum Glück gab's keinen Schiri! Dein Rempler hätte uns glatt 'ne kurze Ecke gekostet!"

Tom ist außer sich, hat aber auch keine Lust, sich mit dem *Lama* und seinem Team zu streiten. Also beugt er sich besorgt zu Clara, die noch immer auf dem Boden sitzt und sich ihr Knie hält. Auch Lena und Anna trösten sie bereits. Als Clara wieder auf den Beinen steht, humpelt sie, gestützt von Anna und Tom, mit ihren Freunden zur Spielfeldmitte. Das Spiel ist für die Hockey-Kids beendet. Keiner hat mehr Lust, gegen diese unfairen Angeber zu spielen. Und so erklärt Tom die Gegner zum Sieger und nach einer knappen Verabschiedung gehen alle schweigsam vom Platz. Wieder im Mädchenzimmer angekommen, werden Lena, Clara und Anna schon von den übrigen Mädchen empfangen.

„Oje, Clara! Was ist denn mit dir passiert?",
wundert sich Samira über das blutende Knie.

Auch Josie und die anderen kommen etwas
näher und dann sprudelt es nur so aus ihnen
heraus. Aufgeregt erzählen Lena und Anna von
den unfairen Gegnern, davon, wie sie sich erst
den Ball schon vor dem Anpfiff ergaunert hatten,
wie das *Lama* immer und überall im Weg stand
und schließlich sogar Clara gemein geschubst hat.

Im Zimmer der Jungen regt man sich ebenfalls noch mächtig auf: „Die wissen selbst, dass
sie unfair gespielt haben!", meint Lars, „Als Clara
hingefallen ist und die Angeber mit dem *Lama*
weggegangen sind, habe ich gehört, wie sie sowas
gesagt haben."

Tom nickt und auch Max erinnert sich:
„Stimmt. Das hab' ich auch gehört. Irgendwas
von *Zum Glück* und so einer *Kurzen Ecke* haben
die gesagt. Wisst ihr, was das ist?" Fragend schaut
er seine beiden Freunde an.

„Nö!", meint Tom, „Aber das kriegen wir
noch raus! Nächste Woche in der Hockey AG
fragen wir Tobi. Der weiß das bestimmt."

Nach ihrem unfairen Spiel haben die Hockey-Kids in den nächsten Tagen keine richtige

Lust mehr, auf dem roten Gummiplatz Hockey zu spielen. Das *Lama* und sein Team sind zum Glück schon am Tag nach ihrem Spiel wieder abgereist. So können Lena, Max und Lars gemeinsam mit ihren Freunden noch einige unbeschwerte Tage der Klassenfahrt genießen, bis auch sie ihre Koffer packen und mit dem Bus zurückfahren.

Auch wenn so mancher von ihnen auf der Hinfahrt seine kleinen Bedenken hatte und die Klassenfahrt mit Frederik, der sich im Bus versteckt hatte, mit ihren Koffern, die nicht in den Bus gepasst hatten und mit der nicht so glücklichen Zimmerverteilung anders als erwartet begonnen hatte ...

In einem sind sich Lena, Max und Lars jedenfalls einig: Ihre Klassenfahrt war trotzdem toll und sie werden sie niemals vergessen!

Denn obwohl das Spiel gegen diese Angeber unmöglich war oder vielleicht gerade weil es so unfair verlief, sind die Hockey-Kids noch enger zusammengerückt und ihr Team ist das beste und tollste, das man sich nur vorstellen kann!

Endlich wieder Training

Die neue Woche beginnt und der Herbst wird immer ungemütlicher. Kräftig wirbelt der kühle Wind die letzten Blätter von den Bäumen, die immer kahler werden.

Und so stehen Lena, Max und Lars am nächsten Donnerstag vor dem Metalltor ihrer Schule pünktlich zur Hockey AG bereit. Mit ihren Füßen schieben sie das bunte Laub zu einem dicken Haufen, während Lena den beiden aufgeregt von der Entscheidung ihrer Mutter erzählt: „Ihr glaubt ja nicht, auf welche blöde Idee meine Mutter gekommen ist!", regt sie sich auf, „Nur weil Frederik heimlich in den Bus gestiegen war, die Papierflieger geworfen hatte und weil sie glaubt, dass es für mich weniger peinlich ist, hat sie Frederik von der Hockey AG abgemeldet!"

„Was? Das geht doch gar nicht!", antwortet Lars. Er kann es nicht fassen. Max fragt vorsichtig nach: „Aber das war doch alles gar nicht so schlimm für dich, oder?" „Naja,...", murmelt Lena leise, „Eigentlich nicht so richtig..." Sie überlegt und denkt zurück, wie sie sich ja schon ziemlich aufgeregt hatte. „Aber das ist doch noch lange kein Grund, um ihn gleich abzumelden!", erwidert sie und verschränkt energisch die Arme. Ihre Zöpfe schaukeln dabei hin und her. Nach und nach kommen Anna, Clara, Tom und Henk ebenfalls zum Treffpunkt. Auch sie sind entsetzt. Ausgerechnet Frederik soll nicht mehr kommen?

„Ja!", meint Lars, „Stellt euch das mal vor! Der hat doch schon beim letzten Spiel gegen das *Lama* so gefehlt!" Alle nicken. Nur zu gut erinnern sie sich an das Match. Doch dann kommen endlich auch ihre Trainer Tobi und Elli. Wild reden alle durcheinander. Jeder will ihnen möglichst genau erzählen, wie die Klassenfahrt war und wie unfair doch die anderen gespielt hatten.

Aufmerksam hören die beiden den Kindern zu und laufen dabei los. Als sie einen anderen Weg als sonst einschlagen, wundert sich Tom: „Äh, ...Tobi, sind wir nicht falsch gelaufen? Zum Hockeyplatz ging es doch sonst immer hier lang?" Er zeigt mit seiner Hand in die andere Richtung.

„Ja, Tom.", antwortet Tobi, „Das war der Weg zum Feldplatz. Wir spielen aber ab heute in der Halle. Die Feldsaison endet immer mit den Herbstferien und jetzt ist sie eben vorbei. Hatten wir das nicht erwähnt?"

Etwas überrascht zucken die Hockey-Kids mit den Schultern. Nach seinen Worten erinnern sie sich aber langsam an ihre letzte Stunde vor den Ferien. Da hatten die Trainer das tatsächlich mal kurz erklärt. Allerdings hatte ihnen niemand so richtig zugehört. Vielmehr waren sie in der Hitze damit beschäftigt gewesen, immer wieder durch den Rasensprenger zu rennen. Ob es den auch in der Halle gibt? Lars überlegt: „Gibt es in der Halle auch einen Wassersprenger und den Plastikrasen? Ich war mal in einer Tennishalle gewesen. Die hatte auch einen schönen, weichen Teppichboden!"

Doch Elli schüttelt den Kopf: „Nein, Lars, einen Kunstrasen gibt es in der Halle nicht, aber lasst euch mal überraschen." Und so laufen sie gespannt weiter. Wenig später erreichen sie ein großes Gebäude. „Sporthalle", liest Max die großen leuchtenden Buchstaben über der schweren Eingangstür. Tobi geht voraus und hält ihnen die Tür auf: „So, hereinspaziert, ihr Lieben!" Und nacheinander laufen die Hockey-Kids an ihm vorbei, durchqueren eine große Eingangshalle und stehen kurz darauf direkt vor dem Hockeyfeld. Ihre erste Hallensaison kann beginnen!

Schnell ziehen sie sich im Vorraum ihre Turnschuhe und Schienbeinschoner an und stecken sich ihren Mundschutz in die Hosentasche. Dann stürzen sie neugierig in die Halle.

„Ich bin ja echt gespannt!", ruft Lars Max noch zu, doch da ist es schon geschehen: Max, der nur nach Lars geschaut hat, übersieht den weißen Balken auf dem Boden und stolpert mit seinen Füßen darüber.

„Was ist denn das für'n Quatsch!? Haben die hier nicht aufgeräumt?", schimpft er und reibt sich sein Knie. Auch die anderen schauen sich um und bemerken es: Auf beiden langen Seiten der Sporthalle liegen diese weißen Balken aneinander gesetzt wie lange Schienen am Spielfeldrand. Max blickt fragend zu Elli und Tobi. Der kratzt sich am Hinterkopf: „Also ich glaube, das mit dem Hallenhockey müssen wir euch mal etwas genauer erklären. Setzt euch einfach zu uns in die Mitte."

Und so sitzen Lena, Max und Lars mit allen anderen kurz darauf in der Spielfeldmitte.

Auf dem harten Hallenboden lauschen sie gespannt, was Tobi und Elli ihnen erzählen: „Das Hallenhockey ist etwas anders als das Feldhockey. Das habt ihr ja jetzt schon gemerkt: Wir spielen also nicht mehr auf einem Kunstrasen, sondern hier in der Halle. Die ist bestimmt so ähnlich, wie eure Turnhalle in der Schule."

Die Hockey-Kids nicken. Als Elli fortfahren will, fällt Lena etwas auf: „Aber, wo ist denn das Spielfeld? Da sind so viele bunte Linien auf dem Boden! Grüne, rote, blaue! ...Woher soll ich denn wissen, welche jetzt zum Hockeyspielfeld gehören?" Auch Anna und Clara schauen um sich.

„Stimmt eigentlich!", fällt es jetzt auch Max auf. Noch immer reibt er sich sein Knie.

„Ja…", erklärt Elli jetzt weiter, „Die Hallen werden meistens für mehrere Sportarten genutzt. Deshalb findet man hier auch immer ganz viele verschiedene Markierungen in allen möglichen Farben. In dieser Halle sind unsere Hockeymarkierungen rot. Könnt ihr sie erkennen?"

Lars steht auf und schaut sich in der Halle um. Auch die anderen richten sich auf, um die Linien auf dem Boden besser sehen zu können. Ringsherum ist das Feld in roter Farbe rechteckig eingefasst. In der Mitte gibt es eine Mittellinie und dann entdecken sie auch die Schusskreise vor den Toren. „Ja, ich sehe sie!", freut sich Anna.

„Ja!", meint auch Tom, „Aber irgendetwas ist doch anders..." Er überlegt, dann fällt es ihm auf: „Draußen gab es noch Viertellinien!" „Genau!", ruft Lars. Doch ihm ist noch etwas anderes aufgefallen: „Und vor jedem Tor gab es auf unserem Feld gleich zwei Schusskreise. Einen mit einer durchgezogenen Linie und einen mit einer gestrichelten Linie. Hier gibt es nur einen Kreis!"

Tobi ist zufrieden. „Das habt ihr alles sehr gut erkannt und ich kann euch auch sagen, warum es diese Unterschiede gibt. Wenn ihr euch mal das gesamte Spielfeld anschaut, werdet ihr bestimmt merken, dass es viel kleiner ist, als draußen. Fast halb so groß."

Max freut sich, denn wenn die Halle nur halb so groß ist, muss er auch nur halb so viel rennen. Gespannt hört er Tobi wieder zu, als er plötzlich direkt von ihm angesprochen wird.

„Tja Max, und du hast den allergrößten Unterschied zum Feldhockey ja schon hautnah kennengelernt!" Er lächelt mitfühlend. „Hier in der Halle spielt man mit Banden. Das sind diese weißen Holzbalken auf dem Boden. Der Ball rollt also nicht mehr ewig weit ins *Aus*, sondern prallt an der Bande ab und bleibt im Spiel. Das ist so ähnlich wie im Billard."

Anna und Clara wissen zwar nicht, was Billard ist, doch Anna kann sich das ganz gut vorstellen: „Dann kann ich den Ball also mit Absicht fest an diese Balken schlagen? Und wenn ich Glück habe, steht dahinter jemand, der den Ball annehmen und ins Tor spielen kann?"

„Genau so ist es!", freut sich Elli, „Allerdings wäre es schon besser, wenn du dich nicht nur auf dein Glück verlässt, sondern gezielt jemanden über die Bande anspielst. Aber das werden wir natürlich erst noch üben. Gleich nächste Woche fangen wir damit an."

Alle quasseln aufgeregt durcheinander, während Tobi und Elli die Schlägertasche und die Bälle holen. Lena schaut sich schweigsam um. Irgendwie war es draußen viel schöner. Es gab den hübschen grünen Kunstrasen, sie konnten in der Sonne durch den Rasensprenger rennen ... und die Luft war viel besser! Wie stickig es hier in der Halle ist! Das findet sie ja schon in der Schule immer recht eklig und ist froh, wenn Frau Otto im Sportunterricht die Türen und Fenster der Halle öffnet. Aber trotzdem freut sie sich, dass es endlich wieder losgeht und sie wieder Hockey spielen können. Das mit den Banden findet sie richtig lustig!

Als die beiden Trainer wieder bei ihnen sind, legen sie ihre schweren Taschen vor den Kindern ab. „Eine wichtige Sache habt ihr aber vergessen.", meint Tobi. In der Halle spielen wir mit anderen Schlägern. Mit solchen, die nicht so dicke Keulen haben."

Erklärend hält er einen Hallenschläger in der Hand und streicht über die deutlich dünnere Krümmung vorne. „Und einen Handschuh für eure linke Hand werdet ihr auch brauchen, damit ihr sie beim Verteidigen nicht auf den harten Boden aufschlagt oder den Ball abbekommt."

Verwundert werden sie von den Hockey-Kids angeschaut. Lena schluckt. Sie wird also nicht mehr mit ihrem rosa Lieblingsschläger spielen können? Kann das sein?

Nur zu gut erinnert sie sich an das Chaos der ersten Hockeystunde, als sie sich alle auf die Hockeyschläger gestürzt hatten. Vorsichtshalber setzt sie sich schon mal auf die Knie, um die

Schlägertasche als Erste erreichen zu können. Hauptsache, sie bekommt wieder einen rosa Hockeyschläger!

Doch natürlich befindet sich in der großen Schlägertasche auch ein rosa Hockeyschläger und für Lena ist die Welt wieder in Ordnung. Auch für Lars, Max und für die anderen Hockey-Kids gibt es wieder passende bunte Schläger, mit denen sie sich erst einmal einspielen. Jeder läuft durch die Halle und führt den Ball hin und her. Zwischendurch schlagen sie ihn auch immer mal an die Bande. Das knallt ganz schön laut!

In den letzten Minuten ruft Elli die Kinder noch einmal zu sich in die Hallenmitte: „Wie wir sehen konnten, klappt das hier in der Halle auch schon sehr gut. Ihr habt sicher gemerkt, dass der Ball hier viel schneller rollt und dass die Banden ganz praktisch sind.", sie schaut in die Runde, „Deshalb kann ich euch jetzt schon mal ankündigen, dass wir in wenigen Wochen endlich ein richtiges Spiel gegen eine andere Schulmannschaft haben werden - Also nicht wie beim letzten Mal gegen eure Eltern."

Sofort fangen alle an, sich wild zu unterhalten. Max schubst Lars an: „Cool, oder?"

Auch Lars ist, wie alle übrigen, begeistert: „Ja, endlich mal ein richtiges Hockeyspiel mit Schiedsrichter und Trillerpfeife!“

Zufrieden stehen alle auf und nachdem sie die schweren Holzbanden mit einem lustigen Wagen wieder abgeräumt haben, ziehen sie sich um. So vergeht ihre erste Stunde in der Halle viel zu schnell und erneut müssen sie eine lange Woche warten, bis sie weiterspielen können.

Sorgen um Tom

Doch nur wenige Tage später, als Lena, Max und Lars in der großen Pause auf dem Schulhof stehen, kommt Tom niedergeschlagen auf sie zu. Anna und Clara sind auch bei ihm und machen lange Gesichter.

„Hallo Tom!", fängt Max an und beißt in sein dickes Käsebrot. Aber Tom schaut nur auf den Boden. Keiner traut sich etwas zu sagen, denn allen ist klar, dass etwas Schlimmes geschehen sein muss. So trostlos haben sie ihren Freund noch nie erlebt. Vorsichtig fragt Lars nach: „Alles ok mit dir?" Als das Schweigen fast unerträglich wird, reißt sich Tom zusammen und wird wütend: „Nichts ist ok, gar nichts!", mit seinem Fuß kickt er eine Kastanie weit über den Schulhof. „Ihr wisst, dass mein Vater eigentlich wollte, dass ich in die Fußball AG gehe." Alle nicken. „Das wollte ich ja auch erst, aber dann bin ich eben in diese Hockey AG gekommen und fand das am Anfang nicht so toll ... Naja, ... jedenfalls kann ich mir heute nichts Besseres vorstellen, als mit euch in dieser AG zu sein. Die Hockey-Kids sind einfach cool und ich möchte nichts anderes mehr machen."

Auch das haben Lars und Max schon längst gemerkt. Und Lena, die sich langsam umsieht, erkennt in allen Gesichtern die gleiche Freude.

„Uns geht's doch genauso.", sagt sie, „Fußball ist bestimmt toll, aber Hockey ist einfach besser. Ich brauche auch nichts anderes." Glücklich schaut sie ihn an, doch mit einem Mal wird er noch unglücklicher: „Tja, das Problem ist nur, dass ich wirklich nix mehr gemacht habe, weder zu Hause, noch für die Schule ... Und jetzt bin ich in Mathe und Deutsch so schlecht geworden, dass mir mein Vater verboten hat, in die AG zu gehen. Erst wenn meine Noten wieder besser werden, darf ich auch wieder mitmachen."

„Oh Mann, das ist echt krass!", findet Henk, „Und wie lange dauert sowas? Schaffst du das bis nächste Woche?"

Lars stöhnt: „Echt jetzt, denk doch mal nach, Henk! Die nächsten Arbeiten werden doch erst in zwei Wochen geschrieben! Und bei Frau Schnabel dauert das immer ewig, bis sie die Klassenarbeiten kontrolliert hat. Die haben wir in

Englisch. Da ist das auch immer so. Da kannst du ja erst in einem Monat wieder Hockey spielen." Er schnauft. Max weiß auch nicht weiter: „Ja, und am Ende haben wir ausgerechnet dann auch schon unser Spiel gegen diese Schulmannschaft. Das ist doch alles doof!"

Lena sieht erst Anna und dann Clara an: „Also Jungs, jetzt mal im Ernst. Euer Gejammer hilft uns doch jetzt auch nicht weiter." „Genau!", findet auch Clara. Aufgeregt knetet sie an ihren Händen. Dann fragt sie leise: „Hat dir dein Vater denn gesagt, wie du dich verbessern kannst? Ich meine ... bekommst du jetzt Nachhilfe?"

Tom schüttelt den Kopf: „Nee, ... dafür will er kein Geld ausgeben." Henk ist außer sich: „Das ist echt ein Ding!" Doch noch ehe er sich weiter aufregen kann, spricht Clara ruhig weiter: „Also ich glaube, ich hätte da eine Lösung ... Natürlich nur, wenn du einverstanden bist." Alle lauschen wie gebannt ihrer Idee …

Und so kommt es, dass Tom in der nächsten Zeit täglich zu Clara nach Hause geht und mit ihr lernt. „In Mathe und Deutsch habe ich eine eins. Das ist ganz einfach!", hatte sie im Schulhof gesagt. Auch wenn Tom das erst nicht wahrhaben wollte, muss er heute doch zugeben, dass sie recht hatte. Mit Keksen und warmem Kakao versorgt, sitzen beide jeden Tag an ihren Aufgaben und immer mehr lichtet sich das Geheimnis um Singular, Plural und all den anderen Begriffen, die er bisher immer verwechselt hatte.

Auch in Geometrie schafft er es endlich, ein ordentliches Dreieck zu zeichnen und den Durchmesser vom Radius zu unterscheiden. Das ist schließlich gar nicht so einfach!

In der Zwischenzeit treffen sich die übrigen Hockey-Kids noch zwei Mal ohne die beiden und ohne Frederik zur Hockey AG. Tobi und Elli erklären ihnen, wie sie es schaffen, gezielt über die Banden zu spielen und den Ball so weiter zu geben, dass der Gegner ihn nicht gleich bekommt.

„Denkt immer nur daran, ihm den Ball nicht in die Vorhand zu spielen.", erinnert Tobi sie an einen häufigen Fehler, „Denn dann hat er den Ball schnell erwischt, seht ihr?" Gemeinsam mit Elli demonstriert er einen Spielzug.

„Versucht lieber, ihm auf seine Rückhand zu spielen. Da kommt er nicht so schnell hin und ist vielleicht auch noch etwas unsicherer auf dieser Seite. Am besten spielt ihr den Ball aber sogar noch frühzeitig ab, dann ist der Gegner erst gar nicht in Reichweite." Konzentriert probieren es Lena, Max und die anderen gleich aus.

Jeder läuft geradewegs auf das Tor zu und versucht den Ball abzugeben, ohne dass Tobi ihn erwischen kann. Der steht breitbeinig im Weg und erinnert an die richtige Seite. Nach einigen Übungen kehren alle zurück in die Spielfeldmitte.

Dort treffen sie sich nach jedem Training und besprechen, was sie alles gelernt haben.

Heute aber erwartet sie Elli mit einer guten Nachricht: „So, setzt euch bitte alle mal hin. Ich muss euch etwas sagen."

Lena, Max und Lars sitzen schon und warten nur noch auf Henk und Anna, die noch einen Ball aus dem Tor fischen.

Mehr Hockey-Kids sind heute nicht da. Clara und Tom wiederholen heute ein letztes Mal die Zeiten für die Deutscharbeit morgen und Frederik ist ja abgemeldet. „Wenn das so weitergeht, werden wir immer weniger und dann gibt es unsere AG bald gar nicht mehr.", denkt Lena traurig. Verträumt wischt sie ihren Schläger an ihrem T-Shirt sauber, bis er wieder glänzt.

Als alle ganz still um Elli im Kreis sitzen, fängt diese an: „Ich weiß, dass wir heute etwas wenige sind und dass es natürlich mehr Spaß macht, wenn hier ganz viele Hockey-Kids um uns herum flitzen. Aber solche schlechten Zeiten gehören eben auch zum Leben dazu."

Gelangweilt schaut Max auf seinen Turnschuh und Lars muss laut gähnen. Elli schüttelt lachend den Kopf: „Was ich euch sagen wollte, ist ganz einfach, dass ich ein Gespräch mit deiner Mutter hatte, Lena. Weil es die ganze Gruppe betrifft, erzähle ich euch allen davon. Ich habe ihr von eurem Teamgeist erzählt, davon, wie ihr zueinander haltet und wie wichtig das für jeden einzelnen von euch ist. Kurzum, sie hat mir sehr genau zugehört und war am Ende schließlich der Meinung, dass meine Argumente die besseren waren."

„Ja, und?", fragt Lars ganz aufgeregt. Ihm war das Ganze zu verschlüsselt. Dass die Erwachsenen immer so umständlich und so viel reden müssen! „Darf Frederik jetzt wieder bei uns mitspielen?" Plötzlich sind alle wieder hellwach und schauen gebannt auf Elli. „Das hängt ganz von euch ab!", erklärt sie, „Eurer Mutter war es wichtig, dass ihr alle -ohne Ausnahme- dafür seid, dass Frederik wiederkommt." Sie schaut zu Lena und kaum hat sie die letzten Worte ausgesprochen, schnellen sämtliche Hände in die Luft.

Alle stehen jubelnd auf. „Ich bin dafür!", ruft Henk laut und Max, Lars und Anna winken ebenfalls mit beiden Händen.

Während die anderen laut jubeln, sitzt Lena noch immer auf dem Boden und bekommt ein schlechtes Gewissen.

Hatte sie sich nicht tatsächlich für ihren Bruder geschämt? Dafür, dass er zu ihr in den Bus gestiegen war? Dafür, dass er diese Papierflieger geworfen hatte? Und dafür, dass er mit ihrer Mutter in die Jugendherberge kommen sollte?

Lena schluckt. Das alles hatte er doch anscheinend nur getan, weil er sie so mochte und weil sein Team für ihn so wichtig war. Vielleicht schlägt sein Herz am Ende ja auch für Hockey … und für seine große Schwester?!

Lena spürt, wie sich ihr Herz zusammenkrampft. Wenn alle so stolz auf Frederik sind und sich riesig auf ihn freuen, sollte sie dann nicht diejenige sein, die es am meisten tut?

Als Lena nach oben schaut, erkennt sie nur schemenhaft ihre Freunde und die beiden Trainer, denn ihre Augen sind randvoll mit Tränen gefüllt: „Ich …. Ich meine, … Darf ich Frederik erzählen, dass er wieder kommen darf?"

Elli beugt sich zu ihr hinunter und zwinkert ihr kurz zu: „Das wollte ich dir sowieso vorschlagen. Frederiks Freudentanz solltest du schon selbst sehen."

Dann steht Lena mit einem Satz schnell auf und rennt nach Hause.

Selbst Max und Lars, die kurze Zeit später an Lenas Haus vorbei laufen, können Frederiks Freudengeschrei noch hören und freuen sich.

Doch am meisten freut sich wohl Lenas Mutter, die es geschafft hat, dass Lena endlich etwas mehr in ihrem Bruder sieht, als nur das nervige Anhängsel.

Gut vorbereitet ist halb gewonnen

Tag für Tag treffen sich die Hockey-Kids wieder gemeinsam auf dem Schulhof.

Nicht nur Lena, Max und Lars, sondern auch Frederik, Henk, Anna, Clara und Tom stehen dann in den Pausen glücklich zusammen und reden über Hockey. So auch heute, nach der Schule.

Lars erwartet alle mit Neuigkeiten von Tobi, den er gestern zufällig beim Einkaufen getroffen hat: „Diese andere Schule hat sich bei ihm gemeldet.", berichtet er und achtet darauf, dass auch wirklich jeder zuhört.

„Sie wollen das Spiel gegen uns schon zwei Wochen früher stattfinden lassen. Danach sind bei ihnen nämlich Ferien. Das ist irgendeine Privatschule oder sowas."

Aufgeregt zählt Frederik an seinen Fingern ab: „Aber das ist ja schon in zwei Wochen!"

Auch Tom wirkt nervös: „Das ist echt früh. Ich hab' doch erst ein einziges Mal in der Halle mittrainiert." Er beißt sich auf seine Unterlippe.

„Da brauchen wir Extra-Training ... und endlich meine Noten in Mathe und Deutsch. Sonst lässt mich mein Vater nicht mitmachen."

„Ach was!", winkt Lars ab, „Da brauchst du kein Extra-Training!"

„Ja, wenn du schon auf dem Rasen so gut gespielt hast, bekommst du das ganz schnell hin. Du schaffst das doch mit links!", meint Max und klopft auf Toms Schulter. „Außerdem gibt es ein paar Sachen in der Halle ja gar nicht, weißt du? Es darf nicht geschlagen und nicht hoch gespielt werden. Und dieses Wischen gibt's auch nicht."

Doch bei Letzterem versteht Tom nicht wirklich, was er meint.

„Na, dieses Fegen auf dem Boden...", versucht Max weiter zu erklären.

Da fällt Lars ein, wovon er sprechen könnte: „Ach, du meinst das Schrubben!"

Max nickt eifrig: „Genau das! Irgendwas mit Putzen war's! Wusst' ich's doch!"

Und dann müssen alle laut lachen. Die Vorstellung, Max mit Eimer und Besen auf dem Hockey-Platz zu sehen, ist einfach zu lustig. Sie schnappen sich ihre Schulranzen und die Schule ist aus.

Als Tom nach Hause kommt, erwartet ihn schon sein Vater. Misstrauisch geht Tom erst in sein Zimmer und legt seinen schweren Schulranzen unter den Schreibtisch. Warum sein Vater wohl schon zu Hause ist? Vielleicht ist er jetzt arbeitslos? Oder ist er etwa krank? Grübelnd setzt er sich auf sein Bett und traut sich nicht aus seinem Zimmer heraus. Dass sein Vater schon hier ist, kann kein gutes Zeichen sein!

Dann, nach einer kurzen Weile, öffnet sich die Zimmertür und mit gesenktem Blick kommt sein Vater auf ihn zu. „Darf ich mich zu dir setzen?", fragt er Tom mit tiefer Stimme. Der rutscht ein wenig zur Seite und macht sich auf das Schlimmste gefasst. Doch als ihm sein Vater erklärt, wie er auf der Arbeit einen Anruf von Frau Schnabel erhalten hat, wird er hellhörig. „Anscheinend hast du ja wirklich ganz gut gelernt, ... mit diesem Mädchen aus deiner Klasse.", hört er ihn sagen. Seine Stimme bebt etwas, dann fährt er fort: „Frau Schnabel war so begeistert von deinen Leistungen, dass sie mir sofort davon berichten musste. Nicht nur in Deutsch hast du eine zwei plus geschrieben, sondern auch gleich in Mathe!" Beide schweigen vor Erleichterung, denn anscheinend hatte nicht allein Tom Angst gehabt, wegen der schlechten Noten womöglich sitzen zu bleiben und kein Hockey mehr spielen zu dürfen.

„Also meinen Segen hast du jetzt. Du darfst ab sofort wieder mit deinen Freunden trainieren." Mit diesen Worten steht der Vater wieder auf, streicht seinem Jungen über die verstrubbelten Haare und läuft zur Tür.

„Warte!", ruft ihm Tom nach, stürzt sich auf ihn und umarmt den großen, stämmigen Mann fest mit beiden Armen. „Danke, Papa", flüstert er und beide schauen sich glücklich an.

Die gute Nachricht verbreitet sich natürlich schnell. Lars, den Tom als erstes angerufen hat, informiert alle anderen und sie verabreden sich zu einer großen Besprechung auf dem Spielplatz. Nur kurze Zeit später sitzen die Hockey-Kids im Netzgebilde des riesigen Klettergerüstes.

„Also Mama hat gesagt, dass wir uns ja mal auf der Spiel-Straße vor unserem Haus treffen können.", fängt Frederik an. Lena nickt: „Ja, da könnten wir einige Spielzüge üben, dachte sie." Lars findet die Idee gar nicht so schlecht: „Da müssten wir uns nur die Schlägertasche ausleihen und aufpassen, dass die Schläger draußen nicht zerkratzen." „Stimmt!", meint Frederik, „Daran hatte ich ja gar nicht gedacht!" „Und wenn wir uns einfach nur mit der Taktiktafel ein paar gute Spielzüge ausdenken?", fragt Anna. Etwas Besseres fällt ihr gerade nicht ein.

Da hat Max eine Idee: „Und wenn wir Frau Otto fragen, ob wir nicht mal im Sport-Unterricht Hockey spielen können?" „Das wäre echt klasse!", ruft Henk, „Dann könnte ich allen mal zeigen, wie cool meine Torwart-Ausrüstung ist!" Doch auch die anderen finden die Idee sehr gut und sie beschließen, am nächsten Tag mit ihrer Lehrerin zu sprechen. „Wenn wir gewinnen wollen, ist das unsere einzige Chance.", stellt Lars fest, „Hoffentlich macht Frau Otto mit!"

Doch Frau Otto muss nicht erst überredet werden. Längst ist ihr aufgefallen, dass die Hockey-Kids ein ganz außergewöhnliches Team sind. „Das sollte ein Vorbild für alle Schüler sein.", erklärt sie Lena, Max und Lars am nächsten Tag. Aufgeregt stehen die drei nach dem Unterricht an ihrem Pult. Die Lehrerin nimmt ihren Stundenplan in die Hand und überlegt: „Also bis zu eurem Spiel sind es noch zwei Wochen." Lena und Max nicken, während Lars zweifelt: „Meinen Sie, das klappt so schnell?" Nachdenklich schiebt Frau Otto ihren Stundenplan zu ihren Unterlagen zurück. Als alles in ihrer dicken Handtasche verstaut ist, steht sie auf und antwortet: „Das will ich hoffen." Dann gehen alle in die Pause: Lena, Max und Lars rennen auf den Schulhof und Frau Otto verschwindet im Lehrerzimmer.

Gleich am nächsten Tag, als der gewöhnliche Sportunterricht ansteht, werden die Hockey-Kids von ihrer Lehrerin überrascht. In einer ordentlichen Reihe aufgestellt tummeln sie sich mit ihrer Klasse vor dem Eingang der Turnhalle und warten, dass Frau Otto ihnen aufschließt.

Plötzlich öffnet sich endlich die schwere Tür und Frau Otto lässt sie hinein. „So, Kinder, jetzt geht mal schnell in die Umkleiden und zieht euch zügig um. Wir haben heute Besuch und den wollen wir doch nicht warten lassen, oder?", sie zwinkert Lena und ihren Freunden zu.

Und tatsächlich, als die drei mit dem Rest der Klasse die Turnhalle betreten, trauen sie ihren Augen nicht: In der Mitte der Halle befindet sich nicht nur Frau Otto, sondern auch Tobi und Elli! Und zu ihrer Überraschung sitzen dort bereits fix und fertig umgezogen Anna, Clara, Tom, Henk und sogar der kleine Frederik.

„Was macht ihr denn hier?", wundern sich einige aus Lenas Klasse, doch die weiß ganz genau, was das bedeutet: Die Hockey-Kids sind komplett und jetzt wird Hockey gespielt!

Und so ist es! Kurz erklärt Frau Otto allen Schülern schnell die brenzlige Trainings-Lage der Hockey-Kids. „… Und deshalb", meint sie abschließend, „werdet ihr alle in den nächsten zwei Wochen hier im Sportunterricht Hockey spielen. Eure Lehrerinnen wissen schon Bescheid und ihr dürft bei mir mit trainieren.", sagt sie zu Tom, Henk und Frederik, die sich mit Anna und Clara unterhalten.

Fragend schauen manche noch auf Elli und Tobi: „Und was machen die beiden hier?", wundert sich ein Junge.

„Ach so, ja …. Das sind die eigentlichen AG-Leiter. Sie können euch das Hockeyspielen bestimmt viel besser beibringen als ich, schließlich sind sie Nationalspieler."

Erst jetzt bemerken auch die letzten den Adler, der auf den Trikots der beiden prangt. Ein Raunen und anerkennendes Pfeifen geht durch die Menge. Josie, die neben Lena auf dem Boden sitzt, freut sich aufgeregt und flüstert ihr leise ins Ohr: „Siehst du! Jetzt lern' ich auch Hockey! Echt cool!" Und Lena lächelt ihr glücklich zu.

In dieser Stunde lernen alle Anfänger mit Frau Otto, den Schläger richtig zu halten und den Ball vorsichtig mit der flachen Schlägerseite voranzutreiben. Während sie ihre Übungen im vorderen Bereich der Halle machen, sind die Hockey-Kids weiter hinten beschäftigt.

Henk steht in voller Torwartausrüstung im Tor und Tobi erklärt den anderen lieber noch ein weiteres Mal, dass in der Halle nur flach gespielt und nicht geschlagen werden darf. Sonst wird abgepfiffen und die anderen bekommen den Ball. „Im Übrigen", erklärt Tobi weiter, „müsst ihr im Schusskreis immer gut aufpassen, dass ihr dem Gegner nicht auf den Schläger schlagt, körperlich werdet oder sogar foult. Das kann später mal zu einer *kurzen Ecke* gegen euch führen." Als er die *kurze Ecke* erwähnt, bekommt Max mit einem Mal wieder Bauchschmerzen, denn er erinnert sich an das *Lama*: „Du …", flüstert er Lars zu, „Das hatten doch die Angeber auf der Klassenfahrt gesagt."

Und jetzt fällt es auch Lars wieder ein. „Was ist eine *kurze Ecke*?", fragt er Tobi. Der hebt gerade einen Ball auf und meint: „Das ist eine Strafecke, die oft zum Tor führt. Dazu muss sich die Mannschaft ganz besonders aufstellen und gut konzentrieren. Das lernt ihr aber erst später. In eurer Altersklasse braucht ihr sie noch nicht."

Mit der Antwort zufrieden üben Lena, Max und Lars weiter. Immer wieder versuchen sie, den Ball an Henk vorbei ins Tor segeln zu lassen, doch der scheint heute unbesiegbar.

Zu sehr freut es ihn, dass er den vielen anderen Kindern zeigen kann, was er schon alles gelernt hat. Mit seinem vergitterten Helm auf dem Kopf, dem gepolsterten Oberkörper und den dicken Überschuhen -seinen Kickern- bis hoch übers Knie, macht er mächtig Eindruck und erntet anerkennende Blicke.

So vergehen die nächsten zwei Wochen wieder einmal wie im Flug, die Hockey-Kids werden mit jedem Schultraining sicherer und der große Tag kann kommen. Lena, Max und Lars sind guter Dinge, dass sie dieses Schul-Match gewinnen können.

Doch nicht nur die Hockey-Kids blicken nach den vergangenen zwei Wochen voller Vorfreude auf ihr Spiel. Auch ihre Schulfreunde, die im Sportunterricht selbst gelernt haben Hockey zu spielen, fiebern mit ihnen.

Ganz besonders Samira und Josie haben diese Hockeystunden gut gefallen. Unbemerkt haben sie sich mit den übrigen Schülern der Klasse in den Pausen getroffen, um eine Überraschung vorzubereiten. Lena, Max und Lars haben davon nichts mitbekommen. Und so sind alle irgendwie gleich viel aufgeregt.

Am Vorabend ihres Schul-Matchs sind die Hockey-Kids bereit. Außer Max, der schon früh schläft, liegen Lena, Lars und all die anderen noch sehr lange wach in ihren Betten.

„Ob die Gegner nett sind?", fragt sich Lena, „Dann könnten wir ja eine Schulfreundschaft schließen und ganz oft gegeneinander spielen." So etwas gibt es wohl manchmal an Schulen.

Auch Lars sinkt tief in sein dickes Kopfkissen und überlegt, wer wohl die Gegner sind. „Hauptsache, keine Angeber!", denkt er und schläft kurz darauf ein.

Bei Frederik im Bett herrscht ein ziemliches Chaos. Heimlich hat er seine Taktiktafel samt aller Gegenstände unter die Bettdecke gesteckt. Mit einer Taschenlampe leuchtet er sein kleines *Zelt* aus und geht noch ein letztes Mal alle wichtigen Spielzüge durch.

„Hoffentlich sind die Gegner nicht so schnell!", seufzt er und denkt an seine kurzen Beine. Tom hat es gut, der ist schon richtig groß und kann riesige Schritte machen. Mit diesen Gedanken knipst er die Taschenlampe aus und schläft ein. In seiner Hand hält er die zusammengerollte Taktiktafel.

Der nächste Tag beginnt recht hektisch. Die gesamte Schule spricht vom großen Schulhockey-Match und noch immer gibt es welche, die sich fragen, wie die große Eisfläche dafür in die Turnhalle kommen soll. Überall auf dem Schulhof wird wild diskutiert.

Samira und Josie, die bis gestern an ihrer Überraschung zu arbeiten hatten, bemühen sich die Sache mit dem Eis zu klären und erzählen allen noch schnell die wichtigsten Dinge über Hockey. Dann ist es gleich soweit und die beiden rennen mit ihren Freunden zur Turnhalle. Dort angekommen finden sie die Hockey-Kids in ihrer Umkleide versammelt. Das gegnerische Team hat sich in der anderen Umkleide eingesperrt.

„Viel Glück!", wünscht Josie Lena und auch Samira drückt ihr die Daumen, bevor beide in die Turnhalle eilen. Auf der einen Seite haben sie Bänke für die Zuschauer aufgebaut und die ersten Fans stehen schon bereit. Ihre Überraschung kann beginnen.

Und tatsächlich können die beiden kurz danach die verblüfften Gesichter von Lena, Max und Lars sehen, als sie die Halle betreten: Unzählige Kinder sitzen und stehen auf den Zuschauer-Bänken und winken ihnen mit bunten Fähnchen und Luftballons zu. Einige haben Tröten dabei, in die sie kräftig hinein pusten. Die Turnhalle bebt vor Feierstimmung. „Ist das schön! Eine echte Zuschauertribüne nur für uns!", Lena, Max und Lars fehlen die Worte. Glücklich winkend laufen sie mit den anderen Hockey-Kids zu Tobi und Elli, die im hinteren Teil der Halle bereits auf sie warten.

„So ihr Lieben, gleich geht's los! Lasst euch nicht von irgendwelchen Körpergrößen oder teuren Klamotten einschüchtern. Ihr seid gut vorbereitet und ein tolles Team. Nur das zählt." Und dann nimmt jeder seinen Mundschutz und seinen Schläger in die Hand und sie stellen sich in der Spielfeldmitte zur Begrüßung auf.

Da sich das Gegner-Team in der kleinen Halle im Untergeschoss eingespielt hat, haben die Hockey-Kids es weder begrüßen noch sehen können. Als sich die Hallentür öffnet, wird es plötzlich ganz ruhig in der Halle, auch das Tröten und Jubeln von Josies Überraschungs-Tribüne ebbt plötzlich ab. „Das ist ja spannender als ein Krimi!", flüstert Lars Max ins Ohr.

Doch der erstarrt plötzlich. Und nachdem alle Hockey-Kids den Gegner gesehen haben, bleibt ihnen kein Grund zur Freude: Vor ihnen erscheint niemand anderes als das *Lama*! Stolz schreitet sein Angeber-Team in die Mitte und alle grinsen, als auch sie ihre Gegner erkennen. „Na, das wird ein leichtes Spiel!", lachen sie sich zu.

Hatten sich die Hockey-Kids bis eben auf das Spiel gefreut, würden nun am liebsten alle geschlossen vom Platz gehen. Zu gut erinnern sich alle an das letzte, unfaire Spiel gegen diese Mannschaft! Clara denkt an ihr aufgeschürftes Knie. Und gegen sie sollen sie jetzt spielen?

„Das muss ich unbedingt Tobi sagen!", überlegt sie, doch es ist zu spät. Die Trainer beider Mannschaften stehen am Spielfeldrand und nach dem kühlen „Hello, hello und let's go!" der Angeber, rufen die Hockey-Kids ihr übliches „Wir sind die Hockey-Kids! Jetzt geht's los!" noch missmutiger als das letzte Mal.

Doch das hört sowieso niemand mehr, denn Samira heizt mit Josie ihre Zuschauertribüne mächtig ein und trötet ohrenbetäubend.

Dann hebt Tobi als Schiedsrichter den Arm und pustet kräftig in seine Trillerpfeife. Das Spiel beginnt!

Wer zuletzt lacht...

Wie beim letzten Spiel sind sofort die Gegner am Ball, diesmal sogar ganz richtig nach den Regeln. Wieder und wieder spielen sich die Angeber in ihren schicken grünen Trikots den Ball zu und die Hockey-Kids bleiben wachsam.

Als der richtige Augenblick gekommen ist, greift Tom plötzlich an: Mit großen, schnellen Schritten läuft er direkt auf seinen Gegenspieler zu und wedelt so lange mit seinem Schläger vor dessen Beine, bis dieser vor lauter Hektik den Ball verliert.

„Geht doch!", denkt sich Tom und rennt mit dem Ball in die andere Richtung. Dort erwartet ihn schon Clara in der Abwehr und er spielt ihr den Ball fest über die Bande zu. Ein lauter Knall erschüttert die ganze Turnhalle und wieder grölen Samira samt ihrer Tribünen-Zuschauer was das Zeug hält. Hinter ihnen hängt wehend ein riesiges Bettlaken vor dem Hallenfenster. Mit bunten Stofffarben bepinselt trägt es die Aufschrift „Ihr seid unsere Hockey-Kids! Jetzt geht`s los!" Stolz zupft es Josie immer wieder zurecht, doch der Wind bläst durch das geöffnete Fenster und bringt ständige Bewegung in den Stoff.

Ihr seid
Die Hockey-Kids!
Jetzt geht`s
los!

Und Bewegung gibt es auch auf dem Spielfeld: Gerade hat Clara den Ball an Anna weitergespielt, um die Gegner auf die andere Seite zu locken. Als Anna merkt, dass die Angeber tatsächlich eine Lücke gebildet haben, schiebt sie den Ball so fest es in der Halle nur erlaubt ist nach vorne. Völlig überrascht drehen sich das *Lama* und sein Team in Richtung ihres Tores. Doch es ist zu spät.

Niemand hat auf den kleinen Wirbelwind namens Frederik geachtet, der sich klammheimlich nach vorne geschlichen hat. „So ein Winzling!", hatte sich das *Lama* zu Spielbeginn über ihn lustig gemacht. Doch jetzt steht genau dieser Winzling direkt vor ihrem Tor. Alle halten den Atem an, als Frederik noch einmal kurz aufschaut, seinen Schläger unter den Ball bringt und ihn steil nach oben fliegen lässt. Lena, Max und Lars können leider nicht sehen, ob der Ball im Tor gelandet ist.

Doch als Samira, Josie und die vielen Freunde keinen Laut von sich geben, ahnen sie es: Kein Jubeln bedeutet kein Tor. Und so bleibt es bis zum Ende der ersten Halbzeit bei einem glatten Null zu Null.

Der nächste Gegenangriff lässt jedoch in der zweiten Halbzeit nicht lange auf sich warten und das Spiel wird wilder. Das *Lama* ist nicht zu bremsen und spielt mit einer sichtbaren Wut im Bauch. Immer wieder versucht sein Team, mit kleinen Fouls oder Stockschlägen ein Tor zu erzielen.

„Die können wohl nur foulen!", bemerkt Max. Auch Lars und Tom sind sich sicher, dass die *Lama*-Mannschaft anscheinend nur mit Tricks gewinnen will.

Doch die Rechnung haben sie ohne Tobi gemacht. Er sieht sehr wohl, wer seinen Hockey-Kids öfters mal zu nahe kommt. Nachdem ihm Lena und Clara in der Halbzeit-Pause erzählt haben, dass heute ausgerechnet die fiesen Angeber der Klassenfahrt ihre Gegner sind, schaut er umso genauer auf jeden Pass und jeden Zweikampf der grünen Mannschaft.

Dann laufen schließlich die allerletzten Minuten des Spiels. Auf der großen Uhr in der Turnhalle wippt der kleine Sekundenzeiger von Strich zu Strich und die Hockey-Kids wünschen sich nichts sehnlicher als diesen einen Sieg. Nach wie vor steht es Null zu Null.

Da versucht das *Lama*, das Spiel erneut an sich zu reißen. Mit letzten Kräften schnappt sein Team den Ball und einer der Grünen stürmt mit ihm nach vorne.

Lena, Max und Lars bleiben ihm dicht auf den Fersen. Immerzu versuchen sie, ihm den Ball zu entreißen, doch es gelingt ihnen nicht. Sekunden später steht er vor ihrem Tor. Zum Glück trägt Henk seinen großen, vergitterten Torwart-Helm. So kann niemand seinen ängstlichen Blick sehen. Aufgeregt kaut er auf seiner Lippe und hat das *Lama* und den Ball fest im Blick. Doch vor lauter Aufregung schließt Henk dummerweise seine Augen und hält seinen Schläger schützend vor den Kopf.

Gleichzeitig schafft es das *Lama* irgendwie, den Ball blitzschnell vom Boden zu lösen, ihm von unten einen gewaltigen Schwung zu geben. Der Ball fliegt und fliegt und fliegt. Henk aber kann mit seinen geschlossenen Augen gar nicht sehen, wie der Ball eigentlich schon fast im Tor landet. Tja, … aber eben nur fast!

Denn alles kommt wieder einmal ganz anders und der Ball fliegt nicht ins Tor, sondern prallt direkt auf den schützenden Schläger.

Vor lauter Wucht fällt Henk plumpsend auf den Po, bevor er noch mal kräftig gegen den Ball tritt.

Damit hat das *Lama* nun gar nicht gerechnet, versucht den Ball wieder zu holen und flucht lautstark. Doch im Trubel der Zuschauertribüne, wo Samira und Josie nach Henks Verteidigungs-Wunder wieder für mächtig Stimmung sorgen, hört man das Fluchen nicht. Außerdem geht das Spiel in den allerletzten Minuten seinem Ende entgegen und Lena ist am Ball. „Na warte!", spricht sie sich selbst Mut zu und stellt sich das *Lama* wieder als ihre Oma vor. Deshalb erschrickt sie auch nicht gleich, als ihre *Oma* in der nächsten Sekunde neben ihr auftaucht. Das Tor ist nur noch wenige Schritte von ihr entfernt, sie ist schon im Schusskreis. Jetzt muss sie schnell aufs Tor schießen! Hinter sich hört sie Max und Lars angestrengt schnaufen. Es kann losgehen!

Und das tut es, jedoch ganz anders. Mit einem üblen Foul stellt ihr das *Lama* unbemerkt das Bein und sie fällt der Länge nach auf den Boden. „Warum pfeift Tobi nicht? Hat er das nicht gesehen?" Laut protestierend steht sie wieder auf und merkt, dass Tobi gerade verfolgt, wie Max nun am Ball ist. Wieder ist das *Lama* dicht dabei, bis es plötzlich es einen heftigen Schlag gibt! Was war das denn? Lena und Lars schauen sich verblüfft an. Genau in dem Augenblick, als Max den Ball ins Tor befördern wollte, hat ihn das *Lama* angegriffen und von oben auf den Schläger geschlagen. Max lässt ihn vor Erschütterung fallen. So etwas hat er ja noch nie erlebt! Der Ball wäre ganz klar im Tor gelandet!

Noch bevor er seinen Schläger wieder aufhebt, schrillt Tobis Trillerpfeife durch die ganze Halle. Mit einem Mal ist es mucksmäuschenstill und alles schaut auf Tobi. Der hält seine Trillerpfeife noch zwischen den Zähnen im Mund, den einen Arm hoch in die Luft gestreckt, der andere Arm zeigt geradewegs vor das gegnerische Tor. Doch da ist nur Max, der seinen Schläger mittlerweile wieder in den Händen hält und auf den Boden schaut, wohin Tobi hinzeigt. Ob er diesen Punkt meint? Was hat das zu bedeuten?

Das *Lama* scheint es zu wissen: „Was soll das? Warum ein Siebenmeter?" Fragend schauen Lena, Max und Lars erst zu ihm, dann zu Tobi, der daraufhin kommentarlos mit seinem rechten Arm auf seinen linken vor sich ausgestreckten

Arm schlägt. Da dämmert es Max: Damit ist der böse Schlag auf seinen Schläger gemeint. Und was jetzt?

Kurz bespricht sich Tobi mit dem anderen Schiedsrichter, dann erklärt er es seinen Hockey-Kids: „Max, du bekommst einen Siebenmeter. Sieh zu, dass du den Ball oben rechts ins Tor schlenzt. Ihr anderen bleibt bei mir."

Mit zittrigen Beinen steht Max kurz darauf mutterseelenallein vor dem Tor und atmet tief ein. „Jetzt nur keinen Fehler machen!", spricht er zu sich selbst. Dann nimmt er all seinen Mut zusammen und tausend Bilder schießen ihm durch den Kopf: Die lustige Klassenfahrt, der eklige Kaugummi an seinem Schuh, die gewonnenen Gummibärchen und Lars und Lena. Ein letztes Mal dreht er sich zu seinen Freunden um. Lena, Lars und all die anderen schauen ihn erwartungsvoll an und nicken ihm mit ihrem Mundschutz aufmunternd zu. Dann gibt Tobi den Ball frei.

„Wir sind die Hockey-Kids!", murmelt Max leise für sich selbst, „Und jetzt geht's los!" Mit diesen Worten schlenzt er den Ball so überraschend ins Tor, dass der Torwart keine Chance hat. Erst als Tobi zwei Mal kurz pfeift und die

Halle samt der Zuschauertribüne tobt, begreift es Max: Er hat getroffen! Als Tobi dann auch gleich das Ende des Spiels pfeift, gibt es kein Halten mehr.

Die Hockey-Kids stürmen aufs Feld, Tom reißt Max vor Freude auf den Boden und alle liegen sich irgendwie halb stehend, halb liegend in den Armen und jubeln.

Um sie herum hüpfen Josie, Samira und ihre Tribünenkinder vor Freude auf und ab. Was für ein Sieg!

Echte Hockey-Freunde

Noch Tage später gibt es in der gesamten Schule kein anderes Gesprächsthema. Alles spricht über den sensationellen Sieg der Hockey-Kids und Max muss immer wieder genauestens erzählen, wie er seinen Siebenmeter ins Tor versenkt hat. Dass er es dabei mit jedem Mal noch etwas mehr ausschmückt, stört niemanden. Auch wenn am Ende das gegnerische Tor auf galaktische Dimensionen gewachsen, der Torwart ein wahrer Bär gewesen und sein Treffer in Schallgeschwindigkeit ins Tor gerauscht sein soll. Alle hören gebannt zu.

Lena und Lars schlendern in der Zwischenzeit über den herbstlichen Schulhof und schütteln glücklich schmunzelnd die Köpfe.

Da erscheint Frederik neben ihnen, seine Taschen sind vollgestopft mit Kastanien. „Hallo, ihr beiden!", ruft er ihnen zu und auch Max gesellt sich jetzt zu ihnen. „Na, du kleiner Stürmer!", freut sich Lena über ihren Bruder und nickt Max strahlend zu. Lars scheint über etwas nachzudenken, dann bleibt er stehen: „Wisst ihr was?", fragt er und schaut seine Freunde dabei an. Auch sie bleiben stehen. „Dieses Spiel war wirklich das allerbeste, was uns je passiert ist!" „Jaaa!", grinst Max, „Mein Tor war echt klasse, oder? Wollt ihr's nochmal hören?" Lena winkt ab und lächelt: „Naja, wir anderen haben aber auch nicht so schlecht gespielt!"

Doch Lars meint anscheinend noch etwas anderes: „Ihr habt ja beide recht, aber viel wichtiger ist doch, was jetzt nach diesem Spiel kommt... und was aus uns geworden ist, oder?"

Max kann nicht ganz folgen, doch Lena weiß, wovon er spricht: „Ja, das finde ich auch. Nie im Leben hättet ihr doch gedacht, dass aus der Hockey AG eine sooo tolle Mannschaft wird!" Sie zwinkert ihnen zu. „ICH wusste das ja schon von Anfang an!"

„Genau das meine ich. Obwohl es ja nicht nur deine Idee war!", protestiert Lars und lacht, „Niemand hier an der Schule wusste doch, was Hockey ist und die wenigsten hatten Lust mitzumachen! Und jetzt?" Mit seiner Hand zeigt er über den ganzen Schulhof: Aufgeregt diskutieren die vielen Schülergrüppchen über das große

Schulhockey-Spiel und wie IHR Team es geschafft hat, es diesen Angebern zu zeigen.

Niemand sucht noch vergeblich nach der Eisfläche, niemand kennt ein cooleres Team.

Von weitem winken ihnen Josie und Samira zu, die gelernt haben, dass man zwar in jedem das Gute suchen, aber nicht jeden ändern kann. Aber vielleicht haben das *Lama* und seine Angeber nach diesem Spiel doch begriffen, dass nicht nur das passende Outfit und fiese Tricks zu einem wahren Sieg verhelfen. Wer weiß…

Wie viel wichtiger ist es doch, finden die zwei, dass alle zusammenhalten und sich gegenseitig helfen. Ob nun groß oder klein, dick oder dünn. Jeder hat seine Stärken, die nur gefunden werden müssen... „Irgendwann gehören wir beide auch dazu!", denken die beiden Mädchen, während im Hintergrund ihr großes, buntes Hockey-Kids-Bettlaken über dem Schuleingang im Wind weht. Dabei merken sie nicht, dass sie mit ihrer Idee der Zuschauer-Tribüne und mit ihrer ansteckenden Freude ja schon längst dazugehören...

„Ist das nicht schön?", flüstert Lena und drückt ihrem Bruder die Hand, „Alle reden über Hockey!"

Eifrig nickt er und dann schaut er Lena, Max und Lars glücklich an: „Aber das Allerschönste ist, dass wir wieder komplett zusammen sind! Wir sind ein Team... Wir sind Die Hockey-Kids!" Und dann laufen sie zurück zu Tom, Anna, Clara, Henk und all den anderen und freuen sich auf ihr nächstes großes Abenteuer … Und was ist mit euch?

Wartet nicht auch schon längst euer eigenes, riesengroßes Abenteuer auf euch?

Dann lasst es nicht länger warten, schnappt euch eure Freunde und seid selbst…

Die Hockey-Kids

Nachwort

Zusammen halten, ein Team bilden und für einander da sein: Für Die Hockey-Kids gibt es nichts Schöneres! So werden Siege gemeinsam gefeiert und sich bei Niederlagen gegenseitig unterstützt.

Alleine kann man oft nichts ausrichten, doch als Gemeinschaft unschlagbar werden. So, wie ihr es gerade mit Lena, Max und Lars erlebt habt.

Dieses Gefühl kann man eben nur in einer Mannschaftssportart erleben, in der immer jeder für den anderen da ist.

Eine wertvolle Erfahrung für das ganze Leben, die euch bestimmt auch packen wird! Wie die vielen anderen Kinder, die seit dem ersten Band der Hockey-Kids schon eifrig dabei sind. Ob in der Schul-AG oder im Verein.

„Aber warum gerade Hockey?", werdet ihr euch vielleicht fragen.

Na, ganz einfach, weil…

- es keine andere Sportart gibt, die im Sommer draußen und Winter drinnen gespielt wird.
- es Jungen und Mädchen gleich viel Spaß macht.
- der Sport schneller und spannender ist, als andere Ballsportarten.
- Hockey die erfolgreichste deutsche olympische Ballsportart ist.

Überzeugt? Dann probiert es doch einfach aus!

Einen Verein in eurer Nähe findet ihr unter www.hockey.de

Euer Jan-Hendrik Fischedick

Jan-Hendrik Fischedick, ehem. Vizepräsident
Sportentwicklung Deutscher Hockey-Bund e.V.

Danke

Anders als im ersten Band möchte ich diesmal vor allem all meinen kleinen und großen Leserkindern danken, die den ersten Band der Hockey-Kids regelrecht verschlungen haben.

Eure helle Freude an der Geschichte, ihren Figuren und dem Hockeysport und die vielen netten Lesungs-Gespräche mit euch haben es mir leicht gemacht, diesen zweiten Teil zu erschaffen, und mich selbst erneut ins Abenteuer zu stürzen.

Danke jedem Einzelnen von euch! Ihr seid wahre Hockey-Kids-Freunde!

Und wer weiß, vielleicht sehen wir uns ja schon bald auf der nächsten lustigen Lesung mit den Hockey-Kids … Ich freue mich auf euch!

Herzlichst,

Eure Sabine

Alle Bücher von Sabine Hahn findet ihr bei uns im Verlag. Hier erfahrt ihr auch, wie es mit den Hockey-Kids im nächsten Teil weitergeht. Lena, Max und Lars freuen sich schon auf euch!

Die Hockey-Kids

Kinderbuchserie von Sabine Hahn

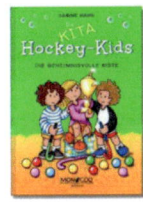  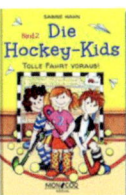   

Entdeckt auch das Hörbuch der WORLD Hockey-Kids!

Lamas sind übrigens ganz wunderbare Tiere und gehören zur Familie der Kamele. Das wissen auch Lena, Max und Lars. Dass sie außerdem sehr zielgenau spucken können, finden die Freunde echt beeindruckend. Wohl deshalb fällt ihnen der Vergleich sofort ein, auch wenn die Vierbeiner mit den Angebern aus der Geschichte sonst wirklich nichts Gemeinsames haben.

Aber vielleicht habt ihr ja selbst tolle (*Lama-*) Bilder mit den Hockey-Kids gemalt?! Dann schickt sie uns, wenn es eure Eltern erlauben, einfach per Mail an info@moncoq.com

Wir freuen uns auf eure Bilder und zeigen sie gerne in unserer Homepage-Galerie.